1   Ernährung bei Herzinsuffizienz

Diese Empfehlungen bitte immer mit Ernährungsberater/in, Arzt oder Diätologen/in absprechen! Die Rezepte und Zutatenlisten unterstützen die medizinischen Therapien.

Die Kalorienangaben frischer Zutaten (Obst und Gemüse) und die Inhaltsstoffe schwanken je nach Qualität und Erntezeit. Die Inhalte wurden von einer Diätologin und einer Ernährungsberaterin für die Traditionelle Chinesische Medizin (TCM) geprüft.

Autor:

©2022 Josef Miligui
Liebe Leserinnen und Leser, ich wünsche Ihnen viel Erfolg und gutes Gelingen bei der Umstellung Ihrer Ernährung. Dieses Buch wurde aus eigener Erfahrung mit Krankheit und Ernährung geschrieben und ich habe schon immer das Zubereiten guter Speisen geschätzt. Wenn Sie nicht so geübt sind im Kochen, empfiehlt sich ein Kurs bei Ernährungsberatern oder Diätologen, die Ihnen die Grundlagen der Kochmethoden sowie die richtige Verarbeitung der Zutaten vermitteln können. Anhand der Lebensmittellisten aus diesem Buch können Sie weitere Rezepte entwickeln und entdecken.

Quelle:

Die Listen werden aus der EBNS-Datenbank für die Ernährungsberatung generiert. Die Datenbank wird von Ernährungsberater, Therapeuten und Ärzte für die Beratung der Patienten/Klienten verwendet und ermöglicht eine Kombination mehrerer Syndrome.

Literaturliste:

Wir haben die Unterlagen als Wissensbasis genutzt und an unsere Erfahrungen angepasst und ergänzt.
www.ebns.at

Herstellung und Verlag:

BoD – Books on Demand, Norderstedt
ISBN: 9783837064971

AF211454

DIÄTETIK - Stoffwechsel - Herz- und Kreislauf - Herzinsuffizienz
(Buch: 045)

1 Ernährung bei Herzinsuffizienz 1
   1.1 Vorwort 4
   1.2 Beschreibung 7
   1.3 Therapiestrategie 7
   1.4 Vermeiden 7
2 Speiseplan 8
   2.1 Frühstück 8
   2.2 Jause 8
   2.3 Mittag 9
   2.4 Nachmittag 10
   2.5 Abend 10
3 Rezepte 12
   3.1 Aufgeschlagene Banane 12
   3.2 Avocado mit Zitrone 12
   3.3 Bulgur mit Tomaten und frischen Kräutern 13
   3.4 Champignonsuppe mit Rotwein 13
   3.5 Chicoréesalat mit Orangen und Grapefruit 14
   3.6 Couscous-Salat 15
   3.7 Erdbeersuppe mit Melonen 16
   3.8 Erfrischende Gurkensuppe mit Kartoffeln 16
   3.9 Fenchel mit gerösteten Walnüssen 17
   3.10 Gegrillte Lachssteaks mit Blumenkohl und Kartoffeln 18
   3.11 Gemüse-Kartoffel-Fleisch-Brei 19
   3.12 Gemüsenudeln mit Tomatensugo 20
   3.13 Geriebener Apfel 21
   3.14 Geröstete Haferflocken mit Weintraubenkompott 21
   3.15 Gerstenschrotsuppe 22
   3.16 Getreide-Obst-Brei 22
   3.17 Grundrezept für eine nahrhafte Gemüsebrühe 23
   3.18 Grundrezept für eine Reissuppe (Congee) 24
   3.19 Gurkensalat 25
   3.20 Italienische Gemüse-Bohnen-Suppe 25
   3.21 Karottenrohkost 26
   3.22 Karottensuppe 27
   3.23 Kartoffeln mit Bärlauch-Quark 28
   3.24 Kartoffeln mit Löwenzahnsalat 28
   3.25 Kohlrabi in Kerbelsoße mit Kartoffeln 29
   3.26 Kompott aus Rhabarber 30
   3.27 Kopfsalat mit Essigdressing 30

3.28   Kürbissuppe 31
3.29   Mango-Bananen-Joghurt-Drink eiskalt 32
3.30   Ofenkartoffeln mit Sellerie-Quark 32
3.31   Porridge mit Kirschen 33
3.32   Provenzalische Nudelpfanne 34
3.33   Quinoa pikant + Avocado 35
3.34   Reis mit Pastinake 36
3.35   Reis-Congee mit Trockenfrüchten 36
3.36   Rettich-Apfel-Joghurt-Frischkost 37
3.37   Rhabarber-Apfel-Grütze 38
3.38   Rosmarinkartoffeln 38
3.39   Rote Bete-Suppe mit Sauerkraut-Kartoffelplätzchen 39
3.40   Rote Grütze mit Schlagsahne 40
3.41   Rote Linsen mit Avocado und Rettich 41
3.42   Rote Rüben Suppe 42
3.43   Rote-Bete-Salat mit Salatgurke 42
3.44   Rotwein mit Eigelb 43
3.45   Rucolasalat mit Tomaten 44
3.46   Russische Kasha mit Weißkohl 44
3.47   Schnellpolenta mit Avocado und Frühlingszwiebel 45
3.48   Schwarze Bohnen mit Avocado 46
3.49   Spinat mit Sesammus (Tahin) 47
3.50   Spinatgemüse 47
3.51   Suppe mit Gurken und Tomaten 48
3.52   Süß-pikanter Gerstensalat 49
3.53   Tsampa 49
3.54   Tsampa mit Marmelade oder Obstkompott 50
3.55   Vegetarischer Gemüse-Getreide-Kartoffelbrei 51
3.56   Vitamindrink 52
3.57   Wärmender Haferflockenbrei 52
3.58   Weizengrießbrei mit rosa Grapefruit 53
4   Wirkung der Lebensmittel 54
4.1   Zutaten verwenden: empfehlenswert 54
4.2   Zutaten verwenden: ja 54
4.3   Zutaten verwenden: wenig 60
4.4   Kontraindikativ wirkende Lebensmittel nicht verwenden 61
5   Komplementär 62
5.1   Dekokt (Abkochung) 62
5.1.1   Ingwer frisch 62
5.2   Heil-Tee (Aufguss) 62
5.2.1   Rooibos 62
5.3   Komplementäre Anwendung 62
5.3.1   Akupunktur 62

5.3.2   Autogenes Training 63
5.3.3   Ayur Veda 64
5.3.4   Lichttherapie.. 64
5.3.5   Physiotherapie 65
5.3.6   Selbsthilfegruppen 65
5.3.7   Tuina Massage 66
5.3.8   Vitamin D Präparate.. 66
   5.4   Öl für Massage 66
   5.4.1   Arnika 66
   5.5   Speisezugabe... 67
   5.5.1   Gelbwurz (Kurkuma) 67
   5.6   Verschiedene Möglichkeiten 67
   5.6.1   Adonisröschen 67
   5.6.2   Reishi 67
6   Grundlagen der Ernährung.. 69
   6.1   Ernährung... 69
   6.2   Rezepte 71
   6.3   Lebensmittel 72
   6.4   Kräuter.. 73
7   Weitere Ernährungsvorschläge 74

1.1 Vorwort

Die Weltgesundheitsorganisation (WHO) davon spricht, dass bis zu 80% der Erkrankungen durch äußere Faktoren wie Ernährung, Lebensstil, Umweltgifte und dergleichen beeinflusst werden.

Welche Faktoren also jeder einzelne von uns aktiv beeinflussen kann und somit seine Chancen auf Erhöhung der allgemein Gesundheit erzielen kann, darum geht es auf den folgenden Seiten.

Der Fokus in diesem Buch liegt auf dem Faktor mit der größten Hebelwirkung - der Ernährung.
Schon Hippokrates hat einst gesagt "Lass die Nahrung deine Medizin sein und Medizin deine Nahrung!" Kräuterpädagog:innen heute sagen so: "Es gibt für jede Krankheit das richtige Kraut."

Egal wie wir es drehen und wenden, wir sind was wir essen (und was unser Essen gegessen hat). Der moderne Mensch sieht sich gerne isoliert von seiner Umwelt. Wir entstehen aus unserer Umwelt, wir leben inmitten von ihr und wenn wir sterben gehen wir wieder in unsere Umwelt über. Während wir leben essen wir das, was in unserer Umwelt wächst (oder in Fabriken chemisch erzeugt wird). Diese Nahrung liefert die Energie und Bausteine, für den eigenen Körper, für den Stoffwechsel, Zellerneuerung, den Hormonhaushalt und damit für unser gesamtes Sein, die Gesundheit und unser Empfinden.

Hier ein paar Grundbausteine, bevor in dem Buch noch näher auf Ernährungsfaktoren eingegangen wird, die sozusagen der kleinste gemeinsame Nenner der meisten Ernährungsphilosophien sind:

- Saisonalität
    - Winterpflanzen, wie zum Beispiel verschiedene Kohlgewächse, versorgen uns mit Unmengen von Vitamin C und Bitterstoffen. Zwei Faktoren, die unser Immunsystem bei der Abwehr von der Kälte und den typischen Infekten in der Winterzeit unterstützen.
    - Sommerpflanzen wie zum Beispiel Gurken, Tomaten aber auch Zitrusfrüchte kühlen unseren aufgeheizten Körper und versorgen uns mit viel Wasser.
    - Außerdem müssen bei saisonalen Pflanzen weniger chemische Helferlein eingesetzt werden, da die passenden Umweltfaktoren das Wachstum sowieso fördern.
- Regionalität
    - Damit einher geht auch der Faktor der Regionalität. Regionale pflanzliche Lebensmittel werden reif geerntet und haben somit alle Nährstoffe entwickeln können. Im Gegensatz dazu wird Obst und Gemüse aus ferneren Ländern unreif geerntet und nur durch den Einsatz von chemischen Mitteln unnatürlich "nachgereift" - bzw. nur nach-gefärbt. Die Dichte der Nährstoffe und auch der Geschmack kann dabei niemals mit regionalen Lebensmitteln mithalten. (Sie haben es vielleicht schon selber erlebt, dass eine Südfrucht aus dem jeweiligen Ursprungsland dort im Urlaub viel süßer und vollmundiger schmeckt als die gleiche Frucht aus dem zentraleuropäischen Supermarkt).
- Pflanzenbasierte Ernährung
    - Ja, diese Basis teilen selbst die Anhänger der Fleischdiät mit den Veganern. Denn bei der Fleischdiät geht es auch um Fleisch von Tieren, die sich artgerecht, sprich von vielen Gräsern und Kräutern ernährt haben. Die Masse an Getreide in der heutigen

Ernährung - egal ob bei Mensch oder Tier - entspricht nicht der natürlichen Ernährungsweise. Sie macht uns krank, dick und manche behaupten sogar dumm (das weist auf die Schädigung der neuronalen Netzwerke hin, die durch den Konsum von Kohlenhydraten passiert hin). Pflanzen im Sinne von Gemüse, Kräutern, Salaten, Sprossen, in geringen Mengen Obst, Nüsse, Samen, etc. liefern neben den viel beschriebenen Vitaminen und Mineralstoffen vor allem sekundäre Pflanzenstoffe, die herausragende Heilwirkung haben. So werden eine Vielzahl unserer Medikamente auf Basis der natürlich vorkommenden Pflanzenstoffe nachgebaut. Allerdings sind da diverse Säuren und andere Wirkstoffe extrahiert und wirken nur alleine - mit den Pflanzen selbst nehmen wir sie in einer reichhaltigen und sich gegenseitig verstärkenden Kombination vielerlei wirksamer Stoffe zu uns.

Ja zusätzlich zu diesen 3 großen Punkten gibt es immer noch sehr viel zu beachten. Ein optimales Verhältnis von Omega 3 zu Omega 6 Fettsäuren (empfohlen wird 1:3), eine individuell und situationsbedingte Eiweißversorgung und so weiter.

Eine ganz gute und einfache Richtlinie für die alltägliche Ernährung bietet der ideale Teller. Der sieht so aus, dass möglichst jede Mahlzeit zur Hälfte aus pflanzlichen Bestandteilen besteht, ein Viertel der Eiweißversorgung dient und ein Viertel die Mahlzeit durch gute Fette und eventuell Kohlenhydrate abrundet.

Die Feinjustierung rund um die Zubereitungsarten, die Zusammenstellungen und so weiter sehe ich als sehr individuell an. Es gibt meines Erachtens nicht die 1 perfekte Ernährung. Es gibt so viele großartige Philosophien und Studien, die alle wunderbare Heilungen berichten und sich dabei aber gegenseitig ausschließen. Was auf den ersten Blick vielleicht paradox wirkt, eröffnet bei näherer Betrachtung ganz viele Möglichkeiten des Probierens und neuer Chancen.

Neben der Ernährung werden noch folgende Faktoren genannt:
- die Giftstoffbelastung in unserer Umwelt sowie in Pflegeprodukten oder eben in der Ernährung
- eine Balance aus Aktivität, (kurzzeitigem) Stress und der Entspannung wie auch Schlaf

- Aufarbeitung der emotionalen Wunden aus der Vergangenheit und Steigerung der Resilienz
- Biologische Zahnheilkunde
- eine optimierte Versorgung durch Heilkräuter, Heilpilze udgl.
- Früherkennung durch bewährte und schonende Verfahren

1.2 Beschreibung

Ist das Herz nicht mehr in der Lage, den Körper mit ausreichend Blut und Sauerstoff zu versorgen, spricht man von einer Herzmuskelschwäche (Herzinsuffizienz). Zusätzlich zur medizinischen Therapie kann mit der Ernährung geholfen werden. Dabei sind austrocknenden, entwässernden Lebensmittel zu vermeiden.

1.3 Therapiestrategie

Mit salzarmer Ernährung und mit der vom Arzt empfohlenen Trinkmenge kann man die Therapie optimal unterstützen.
Zum Verfeinern von Speisen kann man anstatt Salz auch frische Kräuter verwenden.
Blutfett- und Cholesterinwerte stabilisieren.
Ausreichend, aber nicht zu viel trinken.

1.4 Vermeiden

Salzreiche Lebensmittel und Speisen.

2 Speiseplan

2.1 Frühstück

Aufgeschlagene Banane..144,0
Avocado mit Zitrone...289,6
Bulgur mit Tomaten und frischen Kräutern................................205,0
Champignonsuppe mit Rotwein...269,4
Couscous-Salat 338,2
Gemüsenudeln mit Tomatensugo 561,8
Geriebener Apfel..120,0
Geröstete Haferflocken mit Weintraubenkompott 328,0
Gerstenschrotsuppe 265,4
Getreide-Obst-Brei...175,0
Kohlrabi in Kerbelsoße mit Kartoffeln..187,7
Kompott aus Rhabarber..48,2
Porridge mit Kirschen 227,5
Quinoa pikant + Avocado 561,0
Reis mit Pastinake 206,5
Reis-Congee mit Trockenfrüchten..210,0
Rhabarber-Apfel-Grütze 180,0
Rosmarinkartoffeln...188,7
Rote Grütze mit Schlagsahne...123,5
Rote-Bete-Salat mit Salatgurke 246,0
Rotwein mit Eigelb 242,5
Schnellpolenta mit Avocado und Frühlingszwiebel 449,5
Schwarze Bohnen mit Avocado..263,7
Süß-pikanter Gerstensalat...511,1
Tsampa..139,8
Tsampa mit Marmelade oder Obstkompott 280,0
Vitamindrink 172,1
Wärmender Haferflockenbrei..357,5

2.2 Jause

Karottenrohkost 74,0
Rettich-Apfel-Joghurt-Frischkost 77,0
Weizengrießbrei mit rosa Grapefruit..398,7

2.3 Mittag

Aufgeschlagene Banane 144,0
Avocado mit Zitrone 289,6
Bulgur mit Tomaten und frischen Kräutern 205,0
Champignonsuppe mit Rotwein 269,4
Chicoréesalat mit Orangen und Grapefruit 236,0
Couscous-Salat 338,2
Erdbeersuppe mit Melonen 87,0
Erfrischende Gurkensuppe mit Kartoffeln 148,3
Fenchel mit gerösteten Walnüssen 341,7
Gegrillte Lachssteaks mit Blumenkohl und Kartoffeln 329,8
Gemüse-Kartoffel-Fleisch-Brei 127,4
Gemüsenudeln mit Tomatensugo 561,8
Geriebener Apfel 120,0
Gerstenschrotsuppe 265,4
Getreide-Obst-Brei 175,0
Gurkensalat 27,0
Italienische Gemüse-Bohnen-Suppe 204,5
Karottensuppe 104,8
Kartoffeln mit Bärlauch-Quark 254,3
Kartoffeln mit Löwenzahnsalat 162,1
Kohlrabi in Kerbelsoße mit Kartoffeln 187,7
Kompott aus Rhabarber 48,2
Kopfsalat mit Essigdressing 67,5
Kürbissuppe 104,7
Mango-Bananen-Joghurt-Drink eiskalt 121,4
Ofenkartoffeln mit Sellerie-Quark 304,0
Porridge mit Kirschen 227,5
Provenzalische Nudelpfanne 195,5
Reis mit Pastinake 206,5
Reis-Congee mit Trockenfrüchten 210,0
Rhabarber-Apfel-Grütze 180,0
Rosmarinkartoffeln 188,7
Rote Bete-Suppe mit Sauerkraut-Kartoffelplätzchen 128,0
Rote Grütze mit Schlagsahne 123,5
Rote Linsen mit Avocado und Rettich 268,7
Rote Rüben Suppe 282,3
Rote-Bete-Salat mit Salatgurke 246,0
Rotwein mit Eigelb 242,5
Rucolasalat mit Tomaten 129,0
Russische Kasha mit Weißkohl 250,5
Schwarze Bohnen mit Avocado 263,7

Spinat mit Sesammus (Tahin) 150,0
Spinatgemüse 263,0
Suppe mit Gurken und Tomaten 137,0
Süß-pikanter Gerstensalat 511,1
Tsampa 139,8
Vegetarischer Gemüse-Getreide-Kartoffelbrei 91,0
Vitamindrink 172,1
Wärmender Haferflockenbrei 357,5
Weizengrießbrei mit rosa Grapefruit 398,7

2.4 Nachmittag

Karottenrohkost 74,0
Rettich-Apfel-Joghurt-Frischkost 77,0
Schnellpolenta mit Avocado und Frühlingszwiebel 449,5

2.5 Abend

Avocado mit Zitrone 289,6
Champignonsuppe mit Rotwein 269,4
Chicoréesalat mit Orangen und Grapefruit 236,0
Erdbeersuppe mit Melonen 87,0
Erfrischende Gurkensuppe mit Kartoffeln 148,3
Geriebener Apfel 120,0
Gerstenschrotsuppe 265,4
Italienische Gemüse-Bohnen-Suppe 204,5
Karottensuppe 104,8
Kartoffeln mit Löwenzahnsalat 162,1
Kohlrabi in Kerbelsoße mit Kartoffeln 187,7
Kompott aus Rhabarber 48,2
Kopfsalat mit Essigdressing 67,5
Kürbissuppe 104,7
Mango-Bananen-Joghurt-Drink eiskalt 121,4
Ofenkartoffeln mit Sellerie-Quark 304,0
Porridge mit Kirschen 227,5
Provenzalische Nudelpfanne 195,5
Reis mit Pastinake 206,5
Rosmarinkartoffeln 188,7
Rote Bete-Suppe mit Sauerkraut-Kartoffelplätzchen 128,0
Rote Grütze mit Schlagsahne 123,5
Rote Linsen mit Avocado und Rettich 268,7
Rote Rüben Suppe 282,3
Rote-Bete-Salat mit Salatgurke 246,0
Rotwein mit Eigelb 242,5

Rucolasalat mit Tomaten 129,0
Russische Kasha mit Weißkohl 250,5
Schwarze Bohnen mit Avocado 263,7
Spinat mit Sesammus (Tahin) 150,0
Spinatgemüse 263,0
Suppe mit Gurken und Tomaten 137,0
Tsampa 139,8
Vegetarischer Gemüse-Getreide-Kartoffelbrei 91,0
Vitamindrink 172,1

3 Rezepte

empfehlenswert = Sie können mehr verwenden
wenig = wenn möglich weniger verwenden
weniger als angegeben = möglichst nicht verwenden

3.1 Aufgeschlagene Banane

2 x tgl. essen, reguliert Magen-Darm-Funktion, wirkt stopfend.
Anzahl Portionen: 1
Kalorien p. Portion 144
Gramm p. Portion   150
Kochdauer ca.   7 Min.
(Kohlehydrat:94,54% / Eiweiß & Fett:5,46%)
100g.≈ Eiweiß 1,65g. Fett:0,3g.
µg. - Ph:28 Na:1 Ka:393 Mg:36 Ca:9 Fe:0,6 Zn:0,2 Col.:0 Hsr.:25

Zutaten:
Banane 1 Stück / 150g. (empfehlenswert)

Kochanleitung:
Banane mit der Gabel zerdrücken oder mit einem Mixstab pürieren.
Mindestens 5 Min. braun werden lassen.

3.2 Avocado mit Zitrone

Gut bei Schlafstörungen, Entzündungen, Schwellungen, Schmerzen
und Juckreiz, beruhigend.
Anzahl Portionen: 1
Kalorien p. Portion 290
Gramm p. Portion   131
Kochdauer ca.   5 Min.
(Kohlehydrat:16,54% / Eiweiß & Fett:83,46%)
100g.≈ Eiweiß 2,34g. Fett:28,24g.
µg. - Ph:37,02 Na:5,87 Ka:469,27 Mg:29,31 Ca:11,83 Fe:0,59 Zn:0,38 Col.:0 Hsr.:29,01

Zutaten:
Avocado 1/2 Stück / 120g. (empfehlenswert)
Zitrone Saft 1/2 Stück / 10g. (ja)
Salz 1 Prise / 1g. (wenig)

Kochanleitung:
Avocado halbieren, Kern entfernen, Zitronensaft hineingießen, salzen
und auslöffeln.

3.3 Bulgur mit Tomaten und frischen Kräutern

Fördert Verdauung, hilft Fett zu verdauen, harntreibend, senkt Blutdruck, zieht Adern zusammen, vergrößert Herzkranzgefäße, zieht Gebärmutter zusammen.

Anzahl Portionen: 1
Kalorien p. Portion 205
Gramm p. Portion 244
Kochdauer ca. 30 min.
Allergene: A
(Kohlehydrat:71% / Eiweiß & Fett:29%)
100g.≈ Eiweiß 14,92g. Fett:22,17g.
µg. - Ph:136,51 Na:6,27 Ka:256,14 Mg:48,22 Ca:20,11 Fe:1,82 Zn:1,3 Col.:0,08
Hsr.:78,86

Zutaten:
Bulgur (Getreide) 1 Tasse / 120g. (ja)
Tomate 2 Stück / 70g. (ja)
Rucola Rauke 2 EL / 16g. ()
Paprika (Rosenpaprikapulver) 1 Prise / 2g. (ja)
Olivenöl 2 EL / 20g. (ja)
Pfeffer gemahlen 1 Prise / 0,5g. ()
Salz 1 Prise / 1g. (wenig)
Basilikum 4 Blätter / 2g. (ja)
Thymian 1 Zweig / 3g. (ja)
Zitrone Saft 1/2 Stück / 10g. (ja)

Kochanleitung:
Kaltes Wasser in einem Topf aufsetzen, Bulgur hineinstreuen und gar köcheln. Kleingeschnittene Tomaten, frische Kräuter wie Basilikum und Thymian, Rucola, eine Prise Rosenpaprika, Zitronensaft, einen Schuss Olivenöl, etwas gemahlenen Pfeffer und etwas Salz unterrühren. Empfehlung: Ideale Morgenmahlzeit im Sommer, aber auch gut geeignet als Abendmahlzeit, insbesondere bei Schlafstörungen.

3.4 Champignonsuppe mit Rotwein

Fördert die Verdauung und kuriert Bluthochdruck. Zur Kräftigung nach Krankheiten, zur Beruhigung und als Schlafmittel, als Schmerzmittel, bei Verstimmungen, bei Herz-Kreislauf-Störungen, bei Völlegefühl. Bei Schlafstörungen: ohne Rotwein.

Anzahl Portionen: 2
Kalorien p. Portion 269
Gramm p. Portion 238,75
Kochdauer ca. 15 Min.
Allergene: CGNO
(Kohlehydrat:8,75% / Eiweiß & Fett:91,25%)

100g.≈ Eiweiß 7,43g. Fett:18,6g.
µg. - Ph:64,59 Na:6,72 Ka:155,0 Mg:6,7 Ca:18,4 Fe:0,82 Zn:0,17 Col.:26,84 Hsr.:18,84

Zutaten:
Sesamöl 2 EL / 20g. (ja)
Champignon 2 Tassen / 250g. (empfehlenswert)
Pfeffer gemahlen 1 Prise / 0,2g. ()
Salz 1 Prise / 1g. (wenig)
Sauerrahm 15% Fett 2 EL / 20g. (wenig)
Rotwein 1/16 Liter / 125g. (wenig)
Zucker Ursüße (Zuckerrohr) süß 1 Prise / 1g. (wenig)
Huhn Eigelb 2 Stück / 40g. (ja)
Muskatnuss 1 Prise / 0,3g. (ja)
Petersilie 2 EL gehackt / 20g. (ja)

Kochanleitung:
Blättrig geschnittene Champignons in heißem Sesamöl kurz anbraten.
Pfeffer, Salz, reichlich Sauerrahm, heißes Wasser und einen guten
Schuss Rotwein dazugeben und einige Minuten köcheln. Eine Prise
Vollrohrzucker, 1 Eigelb und Muskat dazugeben und mit Salz
abschmecken. Zum Schluss frische Petersilie unterrühren.

3.5   Chicoréesalat mit Orangen und Grapefruit

Liefert viele Mineralstoffe und steckt voller A-B-C Vitamine. Fördert
Verdauung, lindert Alkoholvergiftung, senkt Blutzucker.
Anzahl Portionen: 1
Kalorien p. Portion 236
Gramm p. Portion   382
Kochdauer ca.   10 Min.
(Kohlehydrat:68% / Eiweiß & Fett:32%)
100g.≈ Eiweiß 3,7g. Fett:10,78g.
µg. - Ph:22,85 Na:2,92 Ka:172,02 Mg:12,65 Ca:27,13 Fe:0,47 Zn:0,16 Col.:0,03 Hsr.:16,1

Zutaten:
Chicorée 120 g. / 120g. (ja)
Orange 1 Stück / 100g. (ja)
Grapefruit/Pampelmuse/Pomelo 1/2 Stück / 100g. (ja)
Zwiebel weiss 1 kleine / 30g. (ja)
Zitrone Saft 2-3 EL / 20g. (ja)
Pfeffer gemahlen 1 Prise / 0,2g. ()
Ingwer Pulver 1 Prise / 0,2g. (ja)
Zucker Kandis weiß 1 Messerspitze / 0,5g. (wenig)
Orange abgeriebene Schale 1 TL / 2g. (ja)
Olivenöl 1 EL / 10g. (ja)

Kochanleitung:
Chicorée waschen und kleinschneiden. Bio-Orangen und Grapefruit
schälen, filetieren und mit dem Chicorée mischen. Aus Zitronensaft,
Salz, Pfeffer, Ingwer, Zucker, gehackter Zwiebel und Öl eine Soße
anrühren und untermischen. Den Salat mit Orangenschalenraspeln
bestreuen.

3.6 Couscous-Salat

Bakterizid, beugt Krebs vor, stärkt Magensaftproduktion, fördert
Verdauung, regt Leberfunktion an, senkt Blutdruck, stärkt
Immunsystem, reduziert Strahlenverletzungen, harntreibend.
Anzahl Portionen: 3
Kalorien p. Portion 338
Gramm p. Portion 285,67
Kochdauer ca. 25 Min.
Allergene: A
(Kohlehydrat:75,44% / Eiweiß & Fett:24,56%)
100g.≈ Eiweiß 12,22g. Fett:7,11g.
µg. - Ph:15,3 Na:17,27 Ka:83,68 Mg:6,5 Ca:21,3 Fe:0,46 Zn:0,07 Col.:0 Hsr.:13,69

Zutaten:
Wasser 250 ml. / 100g. (ja)
Olivenöl 1 EL / 15g. (ja)
Couscous 200 g / 200g. (ja)
Zitrone Saft 3 EL / 30g. (ja)
Zitrone Schale 1 TL / 2g. (ja)
Tomate 2 Stück / 80g. (ja)
Gurke 100 g. / 100g. (ja)
Karotte (Mohrrübe, Möhre) 100 g. / 100g. (ja)
Petersilie 1 Bund / 100g. (ja)
Lauchzwiebel Schnittlauch 1 Bund / 100g. (ja)
Pfefferminze 3 Äste / 30g. (ja)

Kochanleitung:
In einem kleinen Topf 250 ml Wasser mit Salz und 1 EL Olivenöl zum
Kochen bringen. Couscous einrühren, vom Herd nehmen und
zugedeckt 5 Min. quellen lassen. Couscous zurück auf den Herd stellen
und bei milder Hitze weitere ca. 2 Min. unter ständigem leichten Rühren
ziehen lassen. Eventuell noch 1-3 EL heißes Wasser untermischen.
Couscous mit Zitronensaft, kleingehackter Zitronenschale und 1 EL Öl
vermischen, mit Salz und Pfeffer abschmecken und etwas durchziehen
lassen. Couscous mit gewürfelten Tomaten und Gurken, geriebenen
Karotten, Petersilie, Schnittlauch und Minze (fein gehackt) vermischen.
Couscous-Salat mit Zitronensaft, Salz und Pfeffer abschmecken.

3.7 Erdbeersuppe mit Melonen

Lindert Schmerzen und Entzündungen bei Rheuma, ist harntreibend, hilft bei Verstopfung.

Anzahl Portionen: 2
Kalorien p. Portion 87
Gramm p. Portion 285,5
Kochdauer ca. 5 Min.
(Kohlehydrat:86,25% / Eiweiß & Fett:13,75%)
100g.≈ Eiweiß 2,04g. Fett:0,84g.
µg. - Ph:11,96 Na:3,07 Ka:101,16 Mg:6,79 Ca:10,32 Fe:0,28 Zn:0,01 Col.:0 Hsr.:13,35

Zutaten:
Erdbeere 300 g. / 300g. (ja)
Erdbeersaftgetränk 70 ml / 70g. (wenig)
Zitrone Schale 1/4 TL / 1g. (ja)
Honigmelone 200 g / 200g. (ja)

Kochanleitung:
Erdbeeren (frisch oder tiefgekühlt) und Erdbeersaft mit dem Mixstab pürieren und etwas Zucker untermischen. Melonenfruchtfleisch in kleine Stücke schneiden. Die Erdbeersuppe portionsweise anrichten und Melonenwürfel in die süße Suppe setzen.

3.8 Erfrischende Gurkensuppe mit Kartoffeln

Harntreibend, entgiftend, unterdrückt Umwandlung von Zucker in Fett, senkt Cholesterinspiegel, beugt Krebs vor, lindert Entzündungen, verbessert Verdauung, löst Stagnation, fördert Durchblutung, fördert Appetit.

Anzahl Portionen: 3
Kalorien p. Portion 148
Gramm p. Portion 307,33
Kochdauer ca. 15 Min
Allergene: GN
(Kohlehydrat:70% / Eiweiß & Fett:30%)
100g.≈ Eiweiß 3,93g. Fett:5,09g.
µg. - Ph:3,72 Na:0,77 Ka:23,54 Mg:1,43 Ca:2 Fe:0,05 Zn:0,02 Col.:0 Hsr.:1,19

Zutaten:
Sesamöl 1 EL / 10g. (ja)
Kartoffel 4 Stück / 300g. (empfehlenswert)
Zwiebel Frühlingszwiebel 3 Stück / 60g. (ja)
Pfeffer gemahlen 1 Prise / 0,5g. ()
Muskatnuss 1 Prise / 1g. (ja)
Salz 1 Prise / 1g. (wenig)
Zitrone 1/2 Stück / 25g. (ja)

Gurke 2 Stück / 500g. (ja)
Sahne, süß 30% 1 EL / 10g. (wenig)
Dill 1 EL / 15g. (ja)

Kochanleitung:
Kleingeschnittene Kartoffeln und reichlich Frühlingszwiebeln in Sesamöl
anbraten und mit Pfeffer, etwas Muskat, Salz und Zitronensaft würzen.
Heißes Wasser und gewürfelte Salatgurke dazugeben, ca. 10 Min.
dünsten und danach pürieren. Etwas süße Sahne nach Belieben und
frischen Dill zufügen. Variante: Etwas Chili, Oregano, Thymian oder
Rosmarin dazugeben, um die abkühlende Wirkung zu mildern.

3.9   Fenchel mit gerösteten Walnüssen

Stärkt Magen, entgiftet, lindert Entzündungen, verbessert Durchblutung,
verbessert Medikamentenwirkung, regt Appetit an, antioxidativ, fördert
Verdauung, regt an, löst Stagnation.

Anzahl Portionen: 4
Kalorien p. Portion 342
Gramm p. Portion   336,25
Kochdauer ca.   20 Min.
Allergene: HO
(Kohlehydrat:54,13% / Eiweiß & Fett:45,87%)
100g.≈ Eiweiß 8,8g. Fett:16,38g.
µg. - Ph:12,18 Na:13,51 Ka:80,99 Mg:8,92 Ca:17,54 Fe:0,45 Zn:0,02 Col.:0 Hsr.:3,52

Zutaten:
Fenchel 4 Stück / 800g. (ja)
Muskatnuss 1 Prise / 1g. (ja)
Ingwer frisch 1/2 TL / 1g. (ja)
Salz 1 Prise / 1g. (wenig)
Weißwein 1/8 Liter / 125g. (wenig)
Paprika (Rosenpaprikapulver) 1 Prise / 1g. (ja)
Olivenöl 2 EL / 40g. (ja)
Walnüsse 2 EL / 35g. (empfehlenswert)
Wasser 2 Tassen / 220g. (ja)
Mais Gries (Polenta) 1 Tasse / 120g. (ja)
Salz 1 Prise / 1g. (wenig)

Kochanleitung:

Ganz wenig Wasser in einem Topf erhitzen. In Streifen geschnittenen Fenchel kurz darin andünsten. Muskat, etwas geriebenen Ingwer, Salz, einen Schuss Weißwein und Rosenpaprika zugeben und solange dünsten, bis das Gemüse gar, aber noch knackig ist. Etwas Olivenöl unterrühren und mit gerösteten Walnüssen bestreuen. Die Polenta in einen Topf mit heißem Wasser unter ständigem Rühren einrieseln lassen, bis die Polenta die gewünschte Konsistenz hat und dann salzen. Die Polenta vom Herd nehmen und ca. 10 Min. quellen lassen.

3.10 Gegrillte Lachssteaks mit Blumenkohl und Kartoffeln

Verbessert Verdauung, harntreibend, senkt Cholesterinspiegel.

Anzahl Portionen: 4
Kalorien p. Portion   329
Gramm p. Portion   386,75
Kochdauer ca.   30 Min.
Allergene: D
(Kohlehydrat:33% / Eiweiß & Fett:67%)
100g.≈ Eiweiß 33,21g. Fett:24,12g.
µg. - Ph:7,53 Na:1,45 Ka:21,74 Mg:1,35 Ca:0,97 Fe:0,04 Zn:0,03 Col.:0,71 Hsr.:4,74

Zutaten:

Knoblauch 1 Zehe / 1g. (ja)
Zwiebel Schalotte 1/2 Stück / 5g. (ja)
Zitrone Saft 1 Spritzer / 1g. (ja)
Salz 1 Prise / 1g. (wenig)
Blumenkohl (Karfiol) 1 Stück / 500g. (ja)
Olivenöl 2 EL / 20g. (ja)
Knoblauch 1 Zehe / 1g. (ja)
Wasser 1/4 Tasse / g. (ja)
Petersilie 3 EL / 15g. (ja)
Kartoffel 500 g. / 500g. (empfehlenswert)
Salz 1 Prise / 1g. (wenig)
Lachs 4 Stück (Steaks) / 500g. (ja)
Zitrone 1/2 Stück / 2g. (ja)

Kochanleitung:

Knoblauch-Schalotten-Mischung: Knoblauch fein zerdrücken, Schalotten fein hacken, einen Spritzer Zitronensaft und Salz dazugeben und verrühren. Mit wenig Öl zu einer Paste verrühren. Blumenkohl: Den Blumenkohl in halbwegs gleichmäßige Stücke zerteilen. In einem schweren Topf das Öl erhitzen und den zerdrückten Knoblauch kurz anbraten. Die Blumenkohlstücke hineingeben und im Öl wenden. Etwas

Wasser zugießen und so lange kochen, bis der Blumenkohl bissfest ist. Den Blumenkohl abseihen und das restliche Wasser einkochen lassen, bis eine dicke Soße übrigbleibt. Blumenkohl wieder dazugeben und mit einem Holzlöffel grob zerdrücken. Die gehackte Petersilie und Salz hinzugeben. Kartoffeln: In einem Topf mit viel Wasser die Kartoffeln weich kochen, abseihen und schälen .Lachssteak: Den Backofen bei ca. 180 Grad vorheizen. Die Lachsscheiben mit der Knoblauch-Schalotten-Mischung einreiben und so dicht wie möglich an der Wärmequelle jeweils 4 bis 8 Min. von beiden Seiten grillen. Sie sind fertig, wenn sich beim Einstechen mit einer Gabel das Fleisch leicht teilen lässt. Alles anrichten und mit Zitronenscheiben und der gehackten Petersilie bestreuen.

3.11 Gemüse-Kartoffel-Fleisch-Brei

Stärkt Immunsystem, lindert Entzündungen, verbessert Verdauung, stärkt Milz und Magen, stärkt Muskeln, Sehnen und Knochen.
Anzahl Portionen: 2
Kalorien p. Portion 127
Gramm p. Portion 203
Kochdauer ca. 30 Min.
(Kohlehydrat:57,12% / Eiweiß & Fett:42,88%)
100g.≈ Eiweiß 7,67g. Fett:3,57g.
µg. - Ph:24,37 Na:10,8 Ka:87,08 Mg:6,49 Ca:12,42 Fe:0,62 Zn:0,2 Col.:1,8 Hsr.:11,45

Zutaten:
Kartoffel 100 g. / 100g. (empfehlenswert)
Karotte (Frühkarotte) 200 g. / 200g. (ja)
Rind (Kalb) 40 g. / 40g. (ja)
Marillensaft 6 EL / 60g. (empfehlenswert)
Rapsöl 1 EL / 6g. (ja)

Kochanleitung:
Das Fleisch von Haut, Sehnen und Fettresten befreien, unter kühlem Wasser abspülen, in kleine Stücke schneiden und in wenig Wasser gar kochen. Nach ca. 15-20 Min. herausnehmen und pürieren. Das Gemüse und die Kartoffeln waschen, schälen und in nicht zu kleine Stücke schneiden. Mit wenig Wasser auf kleiner Flamme in 10-20 Min. weich kochen. Mit dem Pürierstab das Gemüse zerkleinern und alles vermischen. Butter oder Öl und Obstsaft hinzufügen und nochmals pürieren. Verwenden Sie abwechselnd andere Fleischsorten wie Huhn, Lamm oder Pute. Wechseln Sie auch beim Gemüse ab mit Zucchini, Kohlrabi, Fenchel, Kürbis, Pastinaken und Brokkoli. Wechseln Sie auch die Obstsäfte. Dadurch kann eine Vielfalt an Geschmacksrichtungen erzeugt werden.

3.12 Gemüsenudeln mit Tomatensugo

Schont die Verdauungsorgane, entgiftet. Gut bei Appetitlosigkeit, Blähungen, Darmentzündung, Fettsucht, Gicht, Magengeschwür, Magenkrämpfen, Rheuma, Sodbrennen, Zwölffingerdarmgeschwür. Fördert Verdauung, hilft Fett zu verdauen.

Anzahl Portionen: 2
Kalorien p. Portion 562
Gramm p. Portion 281,1
Kochdauer ca. 45 Min.
Allergene: ACG
(Kohlehydrat:69,56% / Eiweiß & Fett:30,44%)
100g.≈ Eiweiß 14,06g. Fett:21,69g.
µg. - Ph:42,24 Na:6,41 Ka:89,19 Mg:16,12 Ca:13,53 Fe:0,61 Zn:0,2 Col.:8,37 Hsr.:36,02

Zutaten:
Tomate 125 g. / 125g. (ja)
Karotte (Mohrrübe, Möhre) 1 Stück / 80g. (ja)
Zucchini 1 Stück / 80g. (ja)
Olivenöl 1 EL / 15g. (ja)
Zwiebel Schalotte 1 Stück / 20g. (ja)
Oregano getrocknet 1 Prise / 1g. (ja)
Salz 1 Prise / 1g. (wenig)
Pfeffer gemahlen 1 Prise / 0,2g. ()
Nudeln (Weizen) mit Ei 200 g. / 200g. (ja)
Olivenöl 1 EL / 10g. (ja)
Creme fraiche 2 EL / 30g. (wenig)

Kochanleitung:
Tomaten in wenig Wasser kochen, beim Abgießen den Saft auffangen und die Tomaten in Stücke schneiden . Zucchini und Karotte grob raspeln. Olivenöl in einem beschichteten Topf erhitzen und Schalotten darin sehr weich dünsten. Tomaten zugeben, mit Oregano, Salz und Pfeffer würzen und zu einer dicken Soße einköcheln lassen. Reichlich Salzwasser zum Kochen bringen und die Nudeln darin bissfest kochen. In der Zwischenzeit das Olivenöl in einer beschichteten Pfanne erhitzen, die Karottenraspel darin unter Rühren anbraten und leicht salzen. Zucchiniraspel zugeben und ebenfalls unter Rühren kurz anbraten. Das Gemüse soll noch Biss haben. Nudeln abgießen, abtropfen lassen, mit Crème fraîche vermischen und abschmecken mit Salz und Pfeffer. Mit der Tomatensoße garnieren.

3.13 Geriebener Apfel

3 x tgl. essen, wirkt stopfend, bindet Wasser im Darm.
Anzahl Portionen: 1
Kalorien p. Portion 120
Gramm p. Portion 200
Kochdauer ca. 10 Min.
(Kohlehydrat:94,21% / Eiweiß & Fett:5,79%)
100g.≈ Eiweiß 0,6g. Fett:0,8g.
µg. - Ph:11 Na:3 Ka:144 Mg:6 Ca:7 Fe:0,5 Zn:0,1 Col.:0 Hsr.:15

Zutaten:
Apfel (sauer) 1 Stück / 200g. (ja)

Kochanleitung:
Apfel (sauer) schälen und möglichst fein reiben. Danach mindestens 5 Min. stehen lassen, bis er braun geworden ist.

3.14 Geröstete Haferflocken mit Weintraubenkompott

Beruhigt Magen, stärkt Sehnen und Knochen, harntreibend, fördert Verdauung, stärkt Abwehrkraft, stärkt Leber und Milz, unterstützt Wehen.
Anzahl Portionen: 2
Kalorien p. Portion 328
Gramm p. Portion 291
Kochdauer ca. 25 Min.
Allergene: AO
(Kohlehydrat:84% / Eiweiß & Fett:16%)
100g.≈ Eiweiß 7,11g. Fett:5,24g.
µg. - Ph:23,15 Na:0,85 Ka:44,46 Mg:8,35 Ca:5,85 Fe:0,29 Zn:0,23 Col.:0 Hsr.:9,55

Zutaten:
Hafer Flocken geröstet 1 Tasse / 120g. (ja)
Trauben rot 2 Tassen / 240g. (wenig)
Ingwer frisch 1/2 TL / 1g. (ja)
Rosinen 2 EL / 20g. (wenig)
Zimtpulver 1 Prise / 1g. (ja)
Wasser 2 Tassen / 200g. (ja)

Kochanleitung:
Haferflocken kurz anrösten, mit Wasser übergießen, Rosinen dazugeben und 20 Min. kochen. Trauben, Ingwer und Zimt zugeben.

3.15 Gerstenschrotsuppe

Harntreibend, stärkt Magen, befeuchtet Darm, regt Leberfunktion an, antioxidativ, fördert Verdauung, entgiftet, reduziert Blutfett, regt an, löst Stagnation.

Anzahl Portionen: 2
Kalorien p. Portion 265
Gramm p. Portion 201
Kochdauer ca. 25 Min.
Allergene: A
(Kohlehydrat:75,62% / Eiweiß & Fett:24,38%)
100g.≈ Eiweiß 8,17g. Fett:6,42g.
µg. - Ph:56,06 Na:4,73 Ka:103,77 Mg:19,04 Ca:16,65 Fe:0,63 Zn:0,22 Col.:0,01
Hsr.:17,61

Zutaten:
Gerste 1 Tasse / 120g. (ja)
Salz 1 Prise / 1g. (wenig)
Ingwer frisch 1/2 TL / 1g. (ja)
Olivenöl 1 EL / 10g. (ja)
Petersilie 3 EL / 30g. (ja)
Wasser 2 Tassen / 240g. (ja)

Kochanleitung:
Gerste in der Pfanne trocken rösten, anschließend zu Schrot mahlen und mit Wasser, etwas Salz und Ingwer zu einem Brei kochen. Vor dem Servieren Öl und Petersilie unterheben. Variante: Man kann dem Gericht einen noch besseren Geschmack verleihen, indem man es mit vorbereiteter Gemüse- oder Fleischbrühe kocht.

3.16 Getreide-Obst-Brei

Liefert viel Vitamin C, stärkt Abwehrkraft, antiparasitär.

Anzahl Portionen: 1
Kalorien p. Portion 175
Gramm p. Portion 215
Kochdauer ca. 10 Min.
Allergene: A
(Kohlehydrat:71% / Eiweiß & Fett:29%)
100g.≈ Eiweiß 2,7g. Fett:6,92g.
µg. - Ph:41,51 Na:2,49 Ka:91 Mg:16,16 Ca:10,4 Fe:0,66 Zn:0,47 Col.:0 Hsr.:21,3

Zutaten:
Hafer Flocken (Vollkorn) 20 g. / 20g. (ja)
Wasser 90 g. / 90g. (ja)
Apfelsaft (Naturtrüb) 100 g. / 100g. (empfehlenswert)
Rapsöl 5 g. / 5g. (ja)

Kochanleitung:
Die Getreideflocken mit Wasser kurz aufkochen. Instantflocken braucht man nur mit heißem Wasser anrühren. Obstsaft oder -püree und Fett unterrühren. Das frische Obst (zum Beispiel Äpfel, Birnen, Pfirsiche) kann roh zerdrückt oder gerieben werden. Geeignet sind auch Tiefkühlobst oder industriell eingemachtes Obst in Gläsern ohne Zuckerzusätze. Bananen sollten Sie mit weniger süßem Obst vermischt anbieten.

3.17 Grundrezept für eine nahrhafte Gemüsebrühe

Senkt Blutdruck und Blutfett, bakterizid, stärkt Immunsystem, beugt Krebs vor, stärkt Magen, löst Stagnation, fördert Gewichtsabnahme, hilft bei Appetitlosigkeit, Blähungen, Bluthochdruck, Depressionen, Diabetes, Durchfall.
Anzahl Portionen: 5
Kalorien p. Portion 48
Gramm p. Portion   240,6
Kochdauer ca.   2-3 Stunden
Allergene: L
(Kohlehydrat:71,3% / Eiweiß & Fett:28,7%)
100g.≈ Eiweiß 1,57g. Fett:1,31g.
µg. - Ph:4,86 Na:3,67 Ka:25,68 Mg:1,8 Ca:6,32 Fe:0,1 Zn:0,01 Col.:0 Hsr.:2,78

Zutaten:
Olivenöl 1 EL / 4g. (ja)
Zwiebel weiss 1 Stück / 60g. (ja)
Karotte (Mohrrübe, Möhre) 3 Stück / 200g. (ja)
Pastinake 150 g. / 150g. (empfehlenswert)
Sellerie Knolle 1 Tasse / 100g. (ja)
Ingwer frisch 1/2 TL / 2g. (ja)
Zitrone 1/2 Stück / 25g. (ja)
Wacholderbeere 6 Stück / 6g. (ja)
Thymian getrocknet 1 Prise / 1g. (ja)
Liebstöckel 1 EL / 3g. (ja)
Lorbeerblatt 2 Blätter / 1g. (ja)
Salz 1 Prise / 1g. (wenig)
Wasser 3/4 Liter / 650g. (ja)

Kochanleitung:
Gemüse würfelig schneiden. Öl in einem Topf erhitzen, die Zwiebel und das Gemüse darin anbraten, Ingwer und Lorbeer zugeben. Mit kaltem Wasser aufgießen, Zitronensaft zufügen und mit Wacholder, Thymian und Liebstöckel würzen. 2-3 Std. auf kleiner Stufe zugedeckt köcheln lassen. Brühe durch ein Sieb streichen und im Kühlschrank aufbewahren. Sie dient als Suppengrundlage und verfeinert Gemüse, Hülsenfrüchte oder Getreide.

3.18 Grundrezept für eine Reissuppe (Congee)

Niedriger Fettgehalt, zur Entwässerung des Körpers bei Übergewicht und Bluthochdruck.

Anzahl Portionen: 3
Kalorien p. Portion   140
Gramm p. Portion   273,33
Kochdauer ca.   2-4 Stunden
(Kohlehydrat:89,71% / Eiweiß & Fett:10,29%)
100g.≈ Eiweiß 2,96g. Fett:0,48g.
µg. - Ph:5,85 Na:0,58 Ka:5,02 Mg:3,41 Ca:1,72 Fe:0,03 Zn:0,02 Col.:0 Hsr.:6,34

Zutaten:
Reis Sorte beliebig 1 Tasse / 120g. (ja)
Wasser 6 Tassen / 700g. (ja)

Kochanleitung:
Man kocht Reis und Wasser in einem Verhältnis von etwa 1:6. Die Menge des Wassers bestimmt die Dicke des Breis (reine Geschmackssache). Der Reis quillt unwahrscheinlich auf, nehmen Sie also nicht viel. Geben Sie den Reis in einen Topf mit einem schweren Deckel. Wichtig ist, den Reis nach kurzem Aufkochen nur auf kleinster Stufe köcheln zu lassen, da er sonst anbrennt. Kochen Sie den Reis 2-4 Stunden. Je länger er kocht, desto stärkender wirkt er. Wenn Sie das Gericht zum Frühstück essen möchten, können Sie den Reis auch kurz vor dem Zubettgehen aufsetzen. Sicherheitshalber sollten Sie vorher einmal unter Beobachtung für eine ähnlich lange Zeit das Verhalten Ihres Topfes und Herdes prüfen, damit nichts anbrennt.

3.19 Gurkensalat

Gurke kühlt und befeuchtet, entgiftet, unterdrückt Umwandlung von Zucker in Fett, senkt Cholesterinspiegel, beugt Krebs vor, ist harntreibend. Dill wirkt gegen Blähungen, ist krampflösend bei Magen-Darm-Beschwerden.

Anzahl Portionen: 2
Kalorien p. Portion   27
Gramm p. Portion   206
Kochdauer ca.   5 min.
Allergene: O
(Kohlehydrat:68% / Eiweiß & Fett:32%)
100g.≈ Eiweiß 1,61g. Fett:0,4g.
µg. - Ph:5,92 Na:2,32 Ka:35,15 Mg:2,16 Ca:4,03 Fe:0,12 Zn:0,05 Col.:0 Hsr.:1,94

Zutaten:
Gurke 1 Stück / 400g. (ja)
Salz 1 Prise / 1g. (wenig)
Dill 1 Prise / 1g. (ja)
Essig (Apfelessig) 1 EL / 10g. (ja)

Kochanleitung:
Bio-Gurke mit Schale, konventionelle Gurke schälen, dünn schneiden und würzen.

3.20 Italienische Gemüse-Bohnen-Suppe

Fördert Verdauung, hilft Fett zu verdauen, harntreibend, senkt Blutdruck, regt Blutproduktion und Stoffwechsel an, baut Fett ab, wirkt bakterizid, stärkt Immunsystem.

Anzahl Portionen: 4
Kalorien p. Portion   204
Gramm p. Portion   265,25
Kochdauer ca.   1 Stunde
Allergene: L
(Kohlehydrat:35% / Eiweiß & Fett:65%)
100g.≈ Eiweiß 12,31g. Fett:5,92g.
µg. - Ph:6,03 Na:1,24 Ka:20,36 Mg:1,96 Ca:2,61 Fe:0,03 Zn:0,01 Col.:0 Hsr.:2,21

Zutaten:
Butterbohnen weiße 200 g. / 200g. (ja)
Zwiebel Schalotte 1 Stück / 20g. (ja)
Karotte (Mohrrübe, Möhre) 1 Stück / 70g. (ja)
Olivenöl 2 EL / 20g. (ja)
Tomate 2 Stück / 80g. (ja)

Sellerie Knolle 10 dag. / 100g. (ja)
Weißkohl/Weißkraut 7 dag. / 70g. (ja)
Endiviensalat 5 dag. / 50g. (ja)
Salz 1 Prise / 1g. (wenig)
Pfeffer gemahlen 1 Prise / 0,2g. ()
Wasser 1/2 Liter / 450g. (ja)

Kochanleitung:
Bohnen einweichen und 30 Min. kochen. Zwiebel, Karotte und Sellerie
kleingeschnitten in Bratöl andünsten. Tomaten und Wasser zugeben
und alles 30 Min. köcheln. In Streifen geschnittenen Weißkohl,
Endiviensalat sowie die gekochten Bohnen hineingeben und mit Salz,
Pfeffer und Olivenöl abschmecken.

3.21 Karottenrohkost

Stärkt Milz und Leber, senkt Blutdruck, bakterizid, stärkt Immunsystem,
beugt Krebs vor, reduziert Strahlenverletzungen, stoppt Durchfall,
fördert Verdauung, Appetit anregend, harmonisiert Magen.
Anzahl Portionen: 1
Kalorien p. Portion 74
Gramm p. Portion 154
Kochdauer ca. 10 Min.
(Kohlehydrat:91% / Eiweiß & Fett:9%)
100g.≈ Eiweiß 1,21g. Fett:0,41g.
µg. - Ph:26,57 Na:19,84 Ka:140,47 Mg:10,21 Ca:29,74 Fe:1,4 Zn:0,36 Col.:0 Hsr.:18,25

Zutaten:
Karotte (Mohrrübe, Möhre) 100 g. / 100g. (ja)
Apfel (süß) 1 Stück / 50g. (ja)
Zitrone Saft 2 TL / 3g. (ja)
Zuckerersatz (Süßstoff) 1 g. / 1g. (ja)

Kochanleitung:
Zitronensaft mit Süßstoff verrühren. Die gewaschenen, dünn geschälten
Karotten und das Apfelstück in die Soße raspeln und untermischen.

3.22 Karottensuppe

Stärkt Milz und Leber, senkt Blutdruck, bakterizid, stärkt Immunsystem, beugt Krebs vor, reduziert Strahlenverletzungen, fördert Durchblutung, verbessert Medikamentenwirkung, regt Appetit und Leberfunktion an.

Anzahl Portionen: 4
Kalorien p. Portion 104
Gramm p. Portion 275,75
Kochdauer ca. 30 min.
Allergene: O
(Kohlehydrat:71% / Eiweiß & Fett:29%)
100g.≈ Eiweiß 2,47g. Fett:2,63g.
µg. - Ph:1,6 Na:1,04 Ka:5,89 Mg:0,68 Ca:1,62 Fe:0,07 Zn:0,02 Col.:0 Hsr.:2,36

Zutaten:
Karotte (Mohrrübe, Möhre) 500 g. / 500g. (ja)
Pfeffer gemahlen 1 Prise / 0,5g. ()
Muskatnuss 1 Prise / 1g. (ja)
Salz 1 Prise / 1g. (wenig)
Weißwein 1/8 Liter / 125g. (wenig)
Orangensaft alternativ zum Wein / g. (wenig)
Petersilie 2 EL / 10g. (ja)
Paprika (Rosenpaprikapulver) 1 Prise / 1g. (ja)
Thymian getrocknet alternativ zu Rosenpaprika / g. (ja)
Pinienkerne 1 EL / 15g. (empfehlenswert)
Sonnenblumenkerne alternativ zu Pinienkerne / g. (empfehlenswert)
Wasser 1/2 Liter / 450g. (ja)

Kochanleitung:
Karotten schälen, in große Stücke schneiden und in heißem Wasser gar kochen, danach pürieren. Mit gemahlenem Pfeffer, etwas Muskat und einer Prise Salz würzen. Einen Schuss Weißwein oder alternativ Orangensaft zugeben und einige weitere Minuten köcheln lassen. Rosenpaprika oder frischen Thymian unterrühren. Petersilie drüber streuen und vor dem Servieren mit gerösteten Pinien- oder Sonnenblumenkernen bestreuen.

3.23 Kartoffeln mit Bärlauch-Quark

Verbessert Verdauung, regeneriert Haut, harntreibend, senkt Cholesterinspiegel, verbessert die Fließeigenschaften des Blutes. Hilft bei Magendruck, Aufstoßen, Diabetes, akuter oder chronischer Verstopfung des Darmes.

Anzahl Portionen: 2
Kalorien p. Portion 254
Gramm p. Portion 300,55
Kochdauer ca. 20 Min.
Allergene: G
(Kohlehydrat:39,12% / Eiweiß & Fett:60,88%)
100g.≈ Eiweiß 17,32g. Fett:25,36g.
µg. - Ph:51,99 Na:11,2 Ka:120,4 Mg:8,19 Ca:31,89 Fe:0,2 Zn:0,1 Col.:1,71 Hsr.:4,02

Zutaten:
Kartoffel 300 g. / 300g. (empfehlenswert)
Salz 1 Prise / 0,1g. (wenig)
Bärlauch (Knoblauchspinat) 2 Handvoll / 30g. (ja)
Topfen (Quark) 20% 250 g. / 250g. (ja)
Joghurt (natur, 1,5 % Fett) 2 EL / 20g. (ja)
Salz 1 Prise / 1g. (wenig)

Kochanleitung:
Kartoffeln in Salzwasser kochen und schälen. Die Bärlauchblätter werden gewaschen, vorsichtig abgetrocknet und in feine Streifen geschnitten. Quark, Joghurt und Salz verrühren und zuletzt den Bärlauch untermischen. Zu den Kartoffeln servieren. In der Jahreszeit, in der kein Bärlauch wächst, kann das Bärlauch-Pesto verwendet werden.

3.24 Kartoffeln mit Löwenzahnsalat

Stärkt Milz, lindert Entzündungen, regeneriert Haut, harntreibend, senkt Cholesterinspiegel, entgiftet, stärkt Magen und Verdauungssystem, bakterizid, löst Stagnation.

Anzahl Portionen: 2
Kalorien p. Portion 162
Gramm p. Portion 203,25
Kochdauer ca. 25 min.
(Kohlehydrat:70,33% / Eiweiß & Fett:29,67%)
100g.≈ Eiweiß 4,28g. Fett:5,59g.
µg. - Ph:26,55 Na:13,01 Ka:175,89 Mg:11,87 Ca:27,38 Fe:0,61 Zn:0,14 Col.:0,01 Hsr.:14,21

Zutaten:
Kartoffel 250 g. / 250g. (empfehlenswert)
Zwiebel weiss 1/2 Stück / 20g. (ja)
Sonnenblumenöl 1 EL / 10g. (ja)
Löwenzahn (junger) 125 g. / 125g. (ja)
Salz 1 Prise / 1g. (wenig)
Pfeffer weiss (gemahlen) 1 Prise / 0,5g. (ja)

Kochanleitung:
Die Kartoffeln in Salzwasser garen und in dünne Scheiben schneiden.
Löwenzahnblätter klein schneiden. Feingehackte Zwiebel und Öl
dazugeben, mit Salz und Pfeffer würzen und alles vermischen.

3.25 Kohlrabi in Kerbelsoße mit Kartoffeln

Lindert Entzündungen, senkt Cholesterinspiegel, harntreibend, leitet
Darmwinde ab, stärkt Immunsystem, beugt Krebs vor, fördert
Gewichtsabnahme. Gut bei Appetitlosigkeit, Blähungen, Bluthochdruck,
Depressionen, Diabetes, Durchfall.

Anzahl Portionen: 4
Kalorien p. Portion 188
Gramm p. Portion   316,85
Kochdauer ca.   1 Stunde
Allergene: GL
(Kohlehydrat:79,34% / Eiweiß & Fett:20,66%)
100g.≈ Eiweiß 8,67g. Fett:2,51g.
µg. - Ph:11,79 Na:4,12 Ka:100,2 Mg:13,9 Ca:60,61 Fe:0,16 Zn:0,02 Col.:0,06 Hsr.:3,63

Zutaten:
Kartoffel 6 Stück / 450g. (empfehlenswert)
Grundrezept für eine Gemüsebrühe nahrhaft 300 ml. / 300g. (ja)
Kartoffel 100 g. / 100g. (empfehlenswert)
Muskatnuss 1 Prise / 0,2g. (ja)
Zitrone Schale 1/2 TL / 2g. (ja)
Ingwer frisch 1/2 TL / 2g. (ja)
Liebstöckel 1/2 TL / 2g. (ja)
Kohlrabi 300 g. / 300g. (ja)
Salz 1 Prise / 1g. (wenig)
Pfeffer gemahlen 1 Prise / 0,2g. ()
Sauerrahm 15% Fett 3 EL / 30g. (wenig)
Kerbel getrocknet 1 Bund / 80g. (ja)

Kochanleitung:

Die 6 Kartoffeln in Salzwasser weich kochen. Die Hälfte der Gemüsebrühe zum Kochen bringen. 100G gewürfelte Kartoffeln, Muskat, Zitronenschale, Ingwer und Liebstöckel dazugeben. Kartoffeln zugedeckt ca. 10 Min. weich kochen und alles mit dem Mixstab zu einer glatten Soße pürieren. Restliche Gemüsebrühe zum Kochen bringen. Kohlrabi in Würfel schneiden, zufügen und zugedeckt ca. 8 Min. kochen. Die Kartoffelsoße unterrühren und alles kurz erhitzen. Mit dem Mixstab Kerbel und Sauerrahm fein pürieren. Die Kerbelcreme mit dem Kohlrabigemüse vermischen und mit den gekochten und geschälten Kartoffeln anrichten.

3.26 Kompott aus Rhabarber

Fiebersenkend, schmerzlindernd, entgiftend, bakterizid.

Anzahl Portionen: 1
Kalorien p. Portion 48
Gramm p. Portion   230
Kochdauer ca.   15 Min.
(Kohlehydrat:92,32% / Eiweiß & Fett:7,68%)
100g.≈ Eiweiß 0,64g. Fett:0,1g.
µg. - Ph:11,22 Na:1,7 Ka:119,43 Mg:6,43 Ca:25,43 Fe:0,28 Zn:0,15 Col.:0 Hsr.:2,61

Zutaten:

Rhabarber 100 g. / 100g. (ja)
Wasser 1 Tasse / 120g. (ja)
Honig 1 EL / 10g. (wenig)

Kochanleitung:

Rhabarber waschen und klein schneiden. Im Wasser weich kochen, ein wenig abkühlen lassen und den Honig dazugeben.

3.27 Kopfsalat mit Essigdressing

Lindert Müdigkeit, verbessert Magen-Darm-Funktion, löst Stagnation, befeuchtet, führt ab, antiparasitär, stillt Blutungen, fördert Durchblutung, entgiftet, lindert Entzündungen, lindert Schmerzen.

Anzahl Portionen: 2
Kalorien p. Portion 68
Gramm p. Portion   127,8
Kochdauer ca.   10 Min.
Allergene: O
(Kohlehydrat:31,55% / Eiweiß & Fett:68,45%)
100g.≈ Eiweiß 1,65g. Fett:4,89g.
µg. - Ph:16,11 Na:5,11 Ka:99,19 Mg:5,79 Ca:17,69 Fe:0,44 Zn:0,09 Col.:0 Hsr.:9,98

Zutaten:
Kopfsalat 1 Stück / 200g. (empfehlenswert)
Essig (Apfelessig) 1 EL / 10g. (ja)
Wasser 1 EL / 10g. (ja)
Rapsöl 1 EL / 10g. (ja)
Zwiebel Frühlingszwiebel 1 Stück / 20g. (ja)
Salz 1 Prise / 0,5g. (wenig)
Pfeffer gemahlen 1 Prise / 0,1g. ()
Lauchzwiebel Schnittlauch 1 EL / 5g. (ja)

Kochanleitung:
Kopfsalat putzen, waschen und abtropfen lassen. Zutaten zur Marinade in einem Gefäß vermengen und den Salat damit kurz vor dem Verzehr anmachen und mit Schnittlauch bestreut servieren.

3.28 Kürbissuppe

Fördert Verdauung, stärkt Magen und Milz, senkt Blutdruck, bakterizid, stärkt Immunsystem, beugt Krebs vor, reduziert Strahlenverletzungen, regeneriert Haut, senkt Cholesterinspiegel, senkt Blutzucker, schützt Leber.

Anzahl Portionen: 3
Kalorien p. Portion 104
Gramm p. Portion 236,33
Kochdauer ca. 1 Stunde
(Kohlehydrat:71% / Eiweiß & Fett:29%)
100g.≈ Eiweiß 2,54g. Fett:3,64g.
µg. - Ph:4,02 Na:0,96 Ka:24,72 Mg:1,82 Ca:2,89 Fe:0,08 Zn:0,02 Col.:0 Hsr.:1,08

Zutaten:
Kürbis 300 g. / 300g. (ja)
Karotte (Mohrrübe, Möhre) 2 Stück / 100g. (ja)
Kartoffel 2 Stück / 120g. (empfehlenswert)
Olivenöl 1 EL / 10g. (ja)
Zwiebel weiss 1 Stück / 50g. (ja)
Wasser 1 Tasse / 120g. (ja)
Petersilie 1 EL / 7g. (ja)
Anis (gemeiner Fenchel) 1 Prise / 1g. (ja)
Salz 1 Prise / 1g. (wenig)

Kochanleitung:
Olivenöl in einer Pfanne erhitzen. In Würfel geschnittenen Kürbis, gewürfelte Karotten und Kartoffeln dazugeben und kurz anbraten. Klein geschnittene Zwiebel zugeben, mit Wasser auffüllen (Gemüse mindestens drei fingerbreit bedecken), aufkochen und leise köcheln

lassen. Mit Meersalz und einer Prise Anis würzen, klein geschnittene Petersilie dazugeben. Alles zusammen ca. 35 Min. köcheln lassen. Anschließend die Suppe pürieren und evtl. Wasser zugeben, je nach Konsistenz.

3.29 Mango-Bananen-Joghurt-Drink eiskalt

Harntreibend, stärkt Magen, beugt Krebs vor, reguliert Magen-Darm-Funktion. Gut bei Appetitlosigkeit, Mundschleimhautentzündung, chronischer Verstopfung.

Anzahl Portionen: 2
Kalorien p. Portion 121
Gramm p. Portion 226
Kochdauer ca. 5 Min.
Allergene: G
(Kohlehydrat:86,93% / Eiweiß & Fett:13,07%)
100g.≈ Eiweiß 2,73g. Fett:1,05g.
µg. - Ph:15,94 Na:7,47 Ka:102,09 Mg:10,74 Ca:22,08 Fe:0,14 Zn:0,04 Col.:0,28 Hsr.:5,73

Zutaten:
Mangosaft 100 ml. / 100g. (empfehlenswert)
Joghurt (natur, 1,5 % Fett) 100 g. / 100g. (ja)
Mineralwasser 100 ml. / 100g. (ja)
Banane 1/2 Stück / 150g. (empfehlenswert)
Acerola Fruchtnektar oder Pulver 1 TL / 2g. (wenig)

Kochanleitung:
Alle Zutaten und 2-3 Eiswürfel im Mixer fein pürieren.

3.30 Ofenkartoffeln mit Sellerie-Quark

Stärkt Milz, lindert Entzündungen, verbessert Verdauung, regeneriert die Haut, harntreibend, senkt Cholesterinspiegel.

Anzahl Portionen: 2
Kalorien p. Portion 304
Gramm p. Portion 398
Kochdauer ca. 30 Min.
Allergene: GL
(Kohlehydrat:52% / Eiweiß & Fett:48%)
100g.≈ Eiweiß 15,61g. Fett:24,04g.
µg. - Ph:19,06 Na:6,87 Ka:59,91 Mg:7,16 Ca:24,85 Fe:0,1 Zn:0,08 Col.:1,01 Hsr.:3,76

Zutaten:
Sellerie Knolle 80 g. / 80g. (ja)
Grundrezept für eine Gemüsebrühe nahrhaft 100 ml. / 100g. (ja)
Kümmel gemahlen 1 Prise / 0,2g. (ja)
Zitrone Schale 1/2 TL / 1g. (ja)
Salz 1 Prise / 1g. (wenig)
Pfeffer gemahlen 1 Prise / 0,2g. ()
Zitrone Saft 1 TL / 3g. (ja)
Topfen (Quark) 20% 200 g. / 200g. (ja)
Creme fraiche 1/2 EL / 5g. (wenig)
Kartoffel 6 Stück / 400g. (empfehlenswert)
Olivenöl 2 TL / 5g. (ja)
Salz 1 Prise / 1g. (wenig)

Kochanleitung:
Sellerie-Quark: Sellerie in Gemüsebrühe (nach Grundrezept) mit Kümmel und Zitronenschale zum Kochen bringen und zugedeckt ca. 8 Min. köcheln lassen, bis er weich und die Gemüsebrühe fast verdampft ist. Dann alles mit Zitronensaft mit dem Mixstab fein pürieren, mit dem Quark glatt rühren und mit Salz und Pfeffer abschmecken.
Ofenkartoffel: Den Ofen auf 200 Grad vorheizen. Kartoffeln gut abbürsten, längs halbieren und mit der Schnittfläche nach oben nebeneinander auf ein Backblech setzen. Schnittflächen leicht salzen, mit Öl beträufeln und im Ofen ca. 25 Min. backen. Sellerie-Quark zu den Kartoffeln reichen.

3.31 Porridge mit Kirschen

Stärkt Abwehrkraft, fördert die Durchblutung, lindert Entzündungen, befeuchtet und verbessert die Haut. Leicht abführend.
Anzahl Portionen: 2
Kalorien p. Portion 227
Gramm p. Portion 219
Kochdauer ca. 10 Min.
Allergene: AG
(Kohlehydrat:72% / Eiweiß & Fett:28%)
100g.≈ Eiweiß 6,27g. Fett:7,32g.
µg. - Ph:21,9 Na:4,46 Ka:36,38 Mg:6,43 Ca:12,81 Fe:0,17 Zn:0,18 Col.:0,43 Hsr.:5,96

Zutaten:
Hafer Flocken (Vollkorn) 8 EL / 60g. (ja)
Wasser 1/8 Liter / 125g. (ja)
Kuhmilch (1,5 % Fett) 1/8 Liter / 125g. (ja)
Salz 1 Prise / 0,2g. (wenig)
Sahne, süß 30% 2 EL / 20g. (wenig)
Zucker Ursüße (Zuckerrohr) süß 1 EL / 8g. (wenig)
Kirsche 100 g. entkernte / 100g. (ja)

Kochanleitung:
Wasser, Milch und eine Prise Salz aufkochen. 4 EL grobe Haferflocken einstreuen und zu einem Brei verkochen, 4 EL feine Haferflocken mitkochen, vom Herd nehmen und ausquellen lassen. In eine vorgewärmte Schüssel geben und mit flüssiger Sahne übergießen. Kirschen entkernen und hinzugeben.

3.32 Provenzalische Nudelpfanne

Fördert Durchblutung, lindert Entzündungen, lindert Schmerzen, stärkt Muskeln, Sehnen und Knochen, harntreibend.

Anzahl Portionen: 2
Kalorien p. Portion 195
Gramm p. Portion 283,5
Kochdauer ca. 45 Min.
Allergene: ACL
(Kohlehydrat:62% / Eiweiß & Fett:38%)
100g.≈ Eiweiß 12,83g. Fett:4,7g.
µg. - Ph:24,21 Na:3,49 Ka:42,72 Mg:11,18 Ca:16,82 Fe:0,37 Zn:0,31 Col.:1,61 Hsr.:24,25

Zutaten:
Nudeln (Vollkorn) mit Ei 200 g / 200g. (ja)
Aubergine 60 g. / 60g. (ja)
Zucchini 60 g. / 60g. (ja)
Paprika 50 g. / 50g. (ja)
Rind Fleisch 50 g. / 50g. (ja)
Knoblauch 2 Stück / 4g. (ja)
Rapsöl 5 g. / 5g. (ja)
Grundrezept für eine Gemüsebrühe nahrhaft 60 ml. / 60g. (ja)
Tomatensaft 75 ml. / 75g. (ja)
Oregano frisch 1 Prise / 1g. (ja)
Rosmarin 1 Prise / 1g. (ja)
Pfeffer gemahlen 1 Prise / 0,5g. ()
Salz 1 Prise / 0,5g. (wenig)

Kochanleitung:
Nudeln in reichlich Salzwasser bissfest kochen, abschrecken und abtropfen lassen. Gemüse waschen, Aubergine und Zucchini in Würfel schneiden, Paprikaschote entkernen, Rippe entfernen und in ca. 1 cm große Würfel schneiden. Knoblauch, gehacktes Rindfleisch und vorbereitetes Gemüse in erhitztem Öl andünsten, mit Gemüsebrühe und Tomatensaft aufgießen und fertig garen. Teigwaren zur Soße geben und untermengen. Das Ganze erwärmen und mit den Gewürzen und Salz abschmecken.

3.33 Quinoa pikant + Avocado

Hilft bei Entzündungen, Schwellungen, Schmerzen und Juckreiz. Senkt Blutdruck, erweitert Blutgefäße, bakterizid, stärkt Immunsystem und Magen-Darm-Funktion.

Anzahl Portionen: 2
Kalorien p. Portion   561
Gramm p. Portion   378,5
Kochdauer ca.   20 min.
(Kohlehydrat:44% / Eiweiß & Fett:56%)
100g.≈ Eiweiß 10,4g. Fett:39,86g.
µg. - Ph:5,12 Na:1,44 Ka:55,12 Mg:3,42 Ca:2,97 Fe:0,12 Zn:0,06 Col.:0 Hsr.:3,69

Zutaten:
Wasser 2 Tassen / 240g. (ja)
Quinoa 1 Tasse / 100g. (ja)
Karotte (Mohrrübe, Möhre) 1 Stück geraspelt / 100g. (ja)
Zwiebel Frühlingszwiebel 2 EL gehackte / 12g. (ja)
Avocado 1 Stück weiche / 300g. (empfehlenswert)
Salz 1 Prise / 0,5g. (wenig)
Pfeffer gemahlen 1 Prise / 0,2g. ()
Leinöl 2 TL / 4g. (ja)

Kochanleitung:
Quinoa in heißes Wasser geben. Geraspelte Karotte, klein geschnittene Frühlingszwiebel sowie Kurkuma, Salz und Pfeffer dazugeben, 20 Min. köcheln lassen und beiseite stellen. Vorgeschnittene Avocado untermischen, einen Schuss Öl zugeben und mit frischer Petersilie und Gomasio bestreuen. Gewürze und Kräuter: Kurkuma, Kardamom, Kresse, Petersilie, Schnittlauch. Variation: Für die, die es deftiger mögen, kann auch eine Bio-Sardine aus der Konserve verwendet werden.

3.34 Reis mit Pastinake

Vitaminreich, Mineralstoffe Kalium und Zink. Bei
Durchblutungsstörungen, Thrombose, Emboliegefahr, Bluthochdruck,
Kopfschmerzen, Herzinfarkt, Schlaganfall, Hefepilzinfektionen.
Anzahl Portionen: 3
Kalorien p. Portion 206
Gramm p. Portion 261,33
Kochdauer ca. 45 Min.
(Kohlehydrat:78,37% / Eiweiß & Fett:21,63%)
100g.≈ Eiweiß 5,17g. Fett:4,53g.
µg. - Ph:20,16 Na:2,09 Ka:94,99 Mg:7,61 Ca:10,6 Fe:0,15 Zn:0,07 Col.:0 Hsr.:12,18

Zutaten:
Reis Sorte beliebig 1 Tasse / 120g. (ja)
Wasser 2 Tassen / 200g. (ja)
Salz 1 Prise / 1g. (wenig)
Pastinake 3-4 Stück / 450g. (empfehlenswert)
Olivenöl 1 EL / 10g. (ja)
Salbei 1 TL / 3g. (ja)

Kochanleitung:
Pastinake schälen und in Scheiben schneiden. Kurz in Öl anbraten.
Reis hinzugeben und kurz mitbraten. Mit Wasser übergießen und
mindestens 30 Min. lang kochen lassen. Mit etwas frischem gehacktem
Salbei bestreuen.

3.35 Reis-Congee mit Trockenfrüchten

Gut bei Durchblutungsstörungen, Durchfall, Fieber, Bluthochdruck,
Kopfschmerzen, Husten. Zur Entwässerung des Körpers bei
Übergewicht und Bluthochdruck, harntreibend.
Anzahl Portionen: 2
Kalorien p. Portion 210
Gramm p. Portion 304
Kochdauer ca. 10 Min.
Allergene: GO
(Kohlehydrat:95% / Eiweiß & Fett:5%)
100g.≈ Eiweiß 4,06g. Fett:2,65g.
µg. - Ph:5,99 Na:0,45 Ka:35,04 Mg:63,94 Ca:61,81 Fe:0,14 Zn:0,06 Col.:0,49 Hsr.:3,72

Zutaten:
Grundrezept für eine Reissuppe (Congee) 4 Tassen / 500g. (ja)
Butter Bio 1/2 EL / 5g. (weniger als angegeben)
Aprikose getrocknet 6 EL / 50g. (wenig)
Wasser 1/2 Tasse / 50g. (ja)
Ahornsirup 1 Schuss / 3g. (ja)

Kochanleitung:

Reis-Congee nach Grundrezept kochen. Etwas Butter bei kleiner Flamme zerlassen und klein geschnittene Trockenfrüchte in ½ Tasse Wasser kurz dünsten. Die für die Mahlzeit gewünschte Menge an Reisbrei zugeben und erhitzen. Heiß servieren und bei Bedarf mit Ahornsirup nachsüßen. Variante: zusätzlich frisches Obst mit andünsten

3.36 Rettich-Apfel-Joghurt-Frischkost

Stoppt Durchfall, fördert Verdauung, regt Appetit an, entgiftet, harntreibend, reduziert Durst, beugt Krebs vor, stärkt Körperzellen, löst Stagnation.

Anzahl Portionen: 2
Kalorien p. Portion 77
Gramm p. Portion 160
Kochdauer ca. 10 Min.
Allergene: G
(Kohlehydrat:79% / Eiweiß & Fett:21%)
100g.≈ Eiweiß 2,03g. Fett:1,39g.
µg. - Ph:9,35 Na:4,33 Ka:62,52 Mg:3,01 Ca:12,05 Fe:0,2 Zn:0,06 Col.:0,55 Hsr.:3,13

Zutaten:

Joghurt (natur, 3,5 % Fett) 5 EL / 50g. (ja)
Zitrone Saft 2 g. / 2g. (ja)
Salz 1 Prise / 0,5g. (wenig)
Pfeffer weiss (gemahlen) 1 Prise / 0,1g. (ja)
Rettich (weiß, grün, lila-rot) 100 g. / 100g. (ja)
Apfel (süß) 1 Stück / 150g. (ja)
Petersilie 2 EL / 18g. (ja)

Kochanleitung:

Joghurt mit Zitronensaft, Salz und weißem Pfeffer verrühren. Rettich und Apfel waschen, schälen und fein raspeln. Mit der Joghurtsoße mischen, kurz durchziehen lassen und mit gehackter Petersilie bestreuen.

3.37 Rhabarber-Apfel-Grütze

Liefert Antioxidantien und viel Vitamin C. Führt ab, kühlt Hitze, lindert Schmerzen, entgiftet, bakterizid, erwärmt Magen und Milz, fördert Durchblutung.

Anzahl Portionen: 2
Kalorien p. Portion 180
Gramm p. Portion 276,5
Kochdauer ca. 15 Min.
(Kohlehydrat:95,59% / Eiweiß & Fett:4,41%)
100g.≈ Eiweiß 1,2g. Fett:0,58g.
µg. - Ph:14,75 Na:1,5 Ka:93,5 Mg:7,43 Ca:12,73 Fe:0,29 Zn:0,07 Col.:0 Hsr.:6,21

Zutaten:

Rhabarber 200 g / 200g. (ja)
Apfelsaft (Naturtrüb) 300 ml. / 300g. (empfehlenswert)
Maisstärke 30 g. / 30g. (ja)
Honig 20 g. / 20g. (wenig)
Vanillezucker natur 1 Prise / 0,5g. (wenig)
Zimtpulver 1 Prise / 0,5g. (ja)
Pfefferminze 2 Blätter / 2g. (ja)

Kochanleitung:

Die Maisstärke mit ½ Tasse Apfelsaft glattrühren. Den Rhabarber mit einer Tasse Wasser 10 Min. dünsten, den restlichen Apfelsaft zufügen, mit der angerührten Stärke abbinden und nochmals aufkochen. Mit dem Honig süßen und mit Vanille und Zimt würzen. Die Grütze auf Dessertschälchen verteilen und mit Minze garnieren.

3.38 Rosmarinkartoffeln

Kartoffel stärkt die Milz, lindert Entzündungen, verbessert die Verdauung, regeneriert die Haut, ist harntreibend, senkt Cholesterinspiegel. Rosmarin fördert Verdauung, stärkt Lunge, Milz und Nieren.

Anzahl Portionen: 2
Kalorien p. Portion 189
Gramm p. Portion 216,5
Kochdauer ca. 30 Min.
(Kohlehydrat:76,49% / Eiweiß & Fett:23,51%)
100g.≈ Eiweiß 4,21g. Fett:5,25g.
µg. - Ph:23,02 Na:1,45 Ka:165,76 Mg:9,44 Ca:3,73 Fe:0,2 Zn:0,07 Col.:0,01 Hsr.:7,27

Zutaten:
Kartoffel 6-8 Stück / 420g. (empfehlenswert)
Salz Kräutersalz 1 Prise / 1g. (wenig)
Olivenöl 1 EL / 10g. (ja)
Rosmarin 1 TL / 2g. (ja)

Kochanleitung:
Kartoffeln der Länge nach halbieren, mit etwas Olivenöl bestreichen, salzen, 2-3 Rosmarinnadeln auf jede halbe Kartoffel streuen, auf Backblech setzen und im vorgeheizten Backofen ca. 25 Min. bei 190 Grad backen.

3.39 Rote Bete-Suppe mit Sauerkraut-Kartoffelplätzchen

Stärkt Milz und Leber, senkt Blutdruck, bakterizid, harntreibend, stärkt Immunsystem, verbessert Verdauung, regeneriert Haut, senkt Cholesterinspiegel, leicht abführend.

Anzahl Portionen: 2
Kalorien p. Portion   128
Gramm p. Portion   249
Kochdauer ca.   30 Min.
Allergene: GLN
(Kohlehydrat:79% / Eiweiß & Fett:21%)
100g.≈ Eiweiß 2,76g. Fett:6,08g.
µg. - Ph:7,9 Na:6,36 Ka:39,51 Mg:17,65 Ca:60,66 Fe:0,19 Zn:0,07 Col.:1,26 Hsr.:2,59

Zutaten:
Rote Rübe 125 g. / 125g. (ja)
Kartoffel 25 g. / 25g. (empfehlenswert)
Grundrezept für eine Gemüsebrühe nahrhaft 1/4 Liter / 250g. (ja)
Zitrone Saft 1/4 / 6g. (ja)
Salz 1 Prise / 0,5g. (wenig)
Sesamöl 1/2 TL / 1g. (ja)
Kartoffel 50 g. / 50g. (empfehlenswert)
Butter Bio 1 TL / 10g. (weniger als angegeben)
Sauerkraut 25 g. / 25g. (ja)
Sahne sauer 10% 1 TL / 3g. (ja)
Sesam, Weißer 1 TL / 2g. (empfehlenswert)
Majoran 1 Prise / 0,3g. (ja)
Salz 1 Prise / 0,5g. (wenig)

Kochanleitung:
Rote Bete und Kartoffeln schälen und in kleine Würfel schneiden. In der Gemüsebrühe mit Sesamöl und Zitronensaft aufkochen und 20 Min. köcheln lassen, bis die Rote Bete weich ist. Für die Plätzchen werden die Kartoffeln geschält, in dünne Scheiben geschnitten und mit Butter bestrichen. Bei 200 Grad im Backofen 15 Min. goldgelb backen. Fein gehacktes Sauerkraut in Butter anschwitzen, saure Sahne, Majoran und Salz dazugeben und die Masse auf die Kartoffelscheiben verteilen, mit Sesamkörnern bestreuen und noch einige Minuten bei 200 Grad überbacken. Suppe pürieren und mit Salz und Sahne abschmecken. Die fertige Suppe mit den Sauerkraut-Kartoffel-Plätzchen servieren.

3.40 Rote Grütze mit Schlagsahne

Beruhigt Magen, stärkt Sehnen, Knochen und Immunsystem, harntreibend, fördert Verdauung, aktiviert Zellstoffwechsel.
Anzahl Portionen: 2
Kalorien p. Portion 123
Gramm p. Portion 215
Kochdauer ca. 15 Min
Allergene: G
(Kohlehydrat:84% / Eiweiß & Fett:16%)
100g.≈ Eiweiß 2,04g. Fett:4,07g.
µg. - Ph:6,63 Na:0,81 Ka:43,38 Mg:2,9 Ca:6,52 Fe:0,18 Zn:0,04 Col.:1,05 Hsr.:4,19

Zutaten:
Beeren der Saison 2 Tassen / 200g. (ja)
Traubensaft rot 1 Glas / 200g. (ja)
Zucker Melasse 1 EL / 10g. (wenig)
Vanille 1 Prise / 0,2g. (ja)
Sahne, süß 30% 2 EL / 20g. (wenig)

Kochanleitung:
Beeren und rote Früchte (Johannisbeeren, Himbeeren, Erdbeeren, Brombeeren und Heidelbeeren) in einen Topf geben. Ein halbes Glas Holundersaft, ein halbes Glas Rotwein oder roten Traubensaft dazugeben. Einen Esslöffel Zuckerrohrmelasse und eine Messerspitze Vanille dazugeben und ein paar Minuten köcheln lassen. Mit etwas Schlagsahne servieren.

3.41 Rote Linsen mit Avocado und Rettich

Entzündungshemmend, harntreibend, fördert Verdauung, entgiftet, reduziert Durst, stärkt Herz und Nieren, beruhigt den Magen.

Anzahl Portionen: 3
Kalorien p. Portion 268
Gramm p. Portion 235,33
Kochdauer ca. 20 Min.
Allergene: N
(Kohlehydrat:23% / Eiweiß & Fett:77%)
100g.≈ Eiweiß 4,22g. Fett:24g.
µg. - Ph:3,94 Na:3,88 Ka:32,34 Mg:2,2 Ca:1,56 Fe:0,07 Zn:0,04 Col.:0 Hsr.:4,73

Zutaten:
Ingwer frisch 2 Scheiben / 2g. (ja)
Wasser 2 Tassen / 200g. (ja)
Linsen rot 1 Tasse geschälte / 100g. (ja)
Wakame 3 cm. / 1g. (ja)
Salz 1 Prise / 0,5g. (wenig)
Zitrone Saft 1 Spritzer / 1g. (ja)
Avocado 1 Stück / 300g. (empfehlenswert)
Pfeffer gemahlen 1 Prise / 0,2g. ()
Paprika (Rosenpaprikapulver) 1 Prise / 0,2g. (ja)
Sesamöl 1 Schuss / 1g. (ja)
Rettich (weiß, grün, lila-rot) 1 Tasse / 100g. (ja)

Kochanleitung:
Etwas kleingeschnittenen Ingwer, geschälte rote Linsen, ein Stück Wakame oder eine kleine Menge Hijiki in das Wasser geben und gar köcheln. Mit Salz, etwas Zitronensaft und Kurkuma abschmecken. Währenddessen: ½ Avocado pro Portion auf einem Drittel des Tellers anrichten und gemahlenen Pfeffer, eine Prise Salz, etwas Zitronensaft, eine Prise Rosenpaprika und ganz wenig Sesamöl darüber geben. Geraspelten Rettich auf das zweite Tellerdrittel geben und das Linsengericht in das letzte Drittel des Tellers füllen. Variante: Radieschenscheiben an Stelle des Rettichs verwenden.

3.42 Rote Rüben Suppe

Stärkt Magen-Darm-Funktion, erweitert Blutgefäße, bakterizid, stärkt Muskeln, antioxidativ, fördert Verdauung, löst Stagnation.

Anzahl Portionen: 4
Kalorien p. Portion 282
Gramm p. Portion 302,5
Kochdauer ca. 20-30 Min.
Allergene: G
(Kohlehydrat:50% / Eiweiß & Fett:50%)
100g.≈ Eiweiß 4,88g. Fett:18,16g.
µg. - Ph:2,66 Na:3,08 Ka:18,95 Mg:1,5 Ca:2,25 Fe:0,05 Zn:0,02 Col.:0 Hsr.:1,11

Zutaten:
Olivenöl 2 EL / 20g. (ja)
Zwiebel weiss 1 Stück kleingehackt / 50g. (ja)
Knoblauch 1 Zehe / 2g. (ja)
Rote Rübe 1 Kg (geschält und gewürfelt) / 1000g. (ja)
Cumin (Kreuzkümmel) 1 EL / 7g. (ja)
Oregano frisch 1 Prise frischer / 2g. (ja)
Paprika (Rosenpaprikapulver) 1 TL / 2g. (ja)
Creme fraiche 125 g. / 125g. (wenig)

Kochanleitung:
In einem Kochtopf das Öl erhitzen, Zwiebel und Knoblauch kleingeschnitten darin dunkelbraun rösten. Cumin, Kurkuma, Oregano und Salz zufügen und mit 1 l Wasser ablöschen. Die Rote Bete darin ca. 20 Min. kochen, Suppe pürieren und in Suppenschalen mit je 1 EL Crème fraîche servieren. Zum Schluss Rosenpaprika drüberstreuen.

3.43 Rote-Bete-Salat mit Salatgurke

Harntreibend, entgiftend, unterdrückt Umwandlung von Zucker in Fett, senkt Cholesterinspiegel. Fördert Durchblutung, stärkt Muskeln, antioxidativ. Stärkt Magen-Darm-Funktion, erweitert Blutgefäße, bakterizid.

Anzahl Portionen: 2
Kalorien p. Portion 246
Gramm p. Portion 267,6
Kochdauer ca. 45 Min.
Allergene: GMO
(Kohlehydrat:35,18% / Eiweiß & Fett:64,82%)
100g.≈ Eiweiß 2,85g. Fett:20,34g.
µg. - Ph:15,69 Na:13,34 Ka:102,31 Mg:7,11 Ca:10,78 Fe:0,31 Zn:0,06 Col.:0,02 Hsr.:6,17

Zutaten:
Rote Rübe 4 Stück / 200g. (ja)
Gurke 1 Stück / 250g. (ja)
Olivenöl 4 EL / 40g. (ja)
Zucker Ursüße (Zuckerrohr) süß 1 Prise / 1g. (wenig)
Pfeffer gemahlen 1 Prise / 0,2g. ()
Senfsamen 1 Prise Pulver / 0,2g. (ja)
Dill 1/2 TL gehackt / 2g. (ja)
Zwiebel Frühlingszwiebel 2 Stück / 40g. (ja)
Salz 1 Prise / 0,5g. (wenig)
Essig (Apfelessig) 1 Spritzer / 1g. (ja)
Sauerrahm 15% Fett 2 EL / g. (wenig)
Paprika (Rosenpaprikapulver) 1 Prise / 0,3g. (ja)

Kochanleitung:
Rote Bete weich kochen, schälen und würfeln. Salatgurke schälen und
ebenfalls würfeln. Dressing: Olivenöl, etwas Vollrohrzucker, Pfeffer,
Senfpulver, Dill, fein geschnittene Frühlingszwiebel, Salz, Essig, etwas
Sauerrahm und eine Prise Rosenpaprika verrühren. Die rote Bete
unterheben und ziehen lassen. Die Gurken erst kurz vor dem Servieren
dazugeben, damit sie ihre helle Farbe behalten. Dazu passt: Hirse, die
zusammen mit dem Salat eine einfache und leichte Mahlzeit ergibt.

3.44 Rotwein mit Eigelb

Zur Kräftigung nach Krankheit, zur Beruhigung und als Schlafmittel, als
Schmerzmittel, bei Verstimmungen, bei Herz-Kreislauf-Störungen.
Anzahl Portionen: 1
Kalorien p. Portion 243
Gramm p. Portion 225
Kochdauer ca. 5 Min.
Allergene: CO
(Kohlehydrat:2,2% / Eiweiß & Fett:97,8%)
100g.≈ Eiweiß 4,22g. Fett:7,98g.
µg. - Ph:83,33 Na:8,33 Ka:108,67 Mg:10,67 Ca:23,56 Fe:1,33 Zn:0,51 Col.:140 Hsr.:0,67

Zutaten:
Rotwein 1 Glas / 200g. (wenig)
Huhn Eigelb 1 Stück / 25g. (ja)

Kochanleitung:
Rohes Eigelb in Rotwein einschlagen.

3.45 Rucolasalat mit Tomaten

Fördert Verdauung, hilft Fett zu verdauen, wirkt harntreibend und antioxidativ, senkt Blutdruck, zieht Adern zusammen, stärkt Muskeln, hilft bei Gastritis, Verstimmungen des Magens, Verstopfung, Blähungen und Sodbrennen.

Anzahl Portionen: 1
Kalorien p. Portion 129
Gramm p. Portion 241
Kochdauer ca. 10 Min.
Allergene: O
(Kohlehydrat:42% / Eiweiß & Fett:58%)
100g.≈ Eiweiß 2,02g. Fett:10,36g.
µg. - Ph:25,81 Na:8,73 Ka:233,45 Mg:12,42 Ca:14,87 Fe:0,55 Zn:0,17 Col.:0,04 Hsr.:10,79

Zutaten:
Olivenöl 1 EL / 10g. (ja)
Pfeffer gemahlen 1 Prise / 0,2g. ()
Salz 1 Prise / 0,3g. (wenig)
Essig (Apfelessig) 1 Schuss / 1g. (ja)
Tomate 4 Stück / 200g. (ja)
Rucola Rauke 2 Handvoll / 30g. ()

Kochanleitung:
In einer Salatschüssel Olivenöl, frisch gemahlenen Pfeffer, Salz, Essig und in kleine Würfel geschnittene Tomaten verrühren. Reichlich fein zerrupfte Rucolablätter untermengen. Varianten: Walnüsse untermengen. Shiitakepilze in feine Streifen schneiden. Eine Hälfte in etwas Butter braten und zusammen mit der anderen Hälfte roher Shiitake unter den Salat mengen. Anstelle von Shiitake können Champignons verwendet werden. Dazu passt: getoastetes Brot, Polenta.

3.46 Russische Kasha mit Weißkohl

Fördert Verdauung, lindert Schmerzen, entgiftet, fördert Appetit, löst Stagnation, regt Blutproduktion und Stoffwechsel an, baut Fett ab.

Anzahl Portionen: 2
Kalorien p. Portion 251
Gramm p. Portion 203,5
Kochdauer ca. 30 Min.
Allergene: AG
(Kohlehydrat:81,18% / Eiweiß & Fett:18,82%)
100g.≈ Eiweiß 8,19g. Fett:2,72g.
µg. - Ph:44,68 Na:1,88 Ka:72,81 Mg:16,01 Ca:11,92 Fe:0,6 Zn:0,22 Col.:0,44 Hsr.:24,96

Zutaten:
Buchweizen Vollkorn 1 Tasse / 130g. (ja)
Wasser 2 Tassen / 240g. (ja)
Muskatnuss 1 Prise / 1g. (ja)
Salz 1 Prise / 1g. (wenig)
Petersilie 1 EL / 10g. (ja)
Kümmel 1 Prise / 2g. (ja)
Butter Bio 1 TL / 3g. (weniger als angegeben)
Weißkohl/Weißkraut 1 Handvoll / 20g. (ja)

Kochanleitung:
Buchweizen trocken goldgelb rösten. Kochendes Wasser zugießen, kurz aufkochen und dann quellen lassen, bis er weich ist. Weißkohl fein raspeln und unterheben. Mit Muskat und Salz würzen. Am Schluss etwas Petersilie, Kümmel und Butter hinzufügen.

3.47 Schnellpolenta mit Avocado und Frühlingszwiebel

Gut bei Entzündungen, Schwellungen und Schmerzen. Stärkt Magen und Milz, harntreibend, lässt Gallensaft fließen, löst Stagnation, liefert ungesättigte Fettsäuren, antioxidativ.
Anzahl Portionen: 2
Kalorien p. Portion 449
Gramm p. Portion 286
Kochdauer ca. 10 min.
(Kohlehydrat:55% / Eiweiß & Fett:45%)
100g.≈ Eiweiß 6,92g. Fett:27,5g.
µg. - Ph:16,92 Na:0,99 Ka:54,42 Mg:8,7 Ca:3,02 Fe:0,13 Zn:0,17 Col.:0,01 Hsr.:3,78

Zutaten:
Mais (Schnellpolenta) 1 Tasse / 120g. (ja)
Wasser 2 Tassen / 240g. (ja)
Olivenöl 1 EL / 15g. (ja)
Salz 1 Prise / 1g. (wenig)
Pfeffer gemahlen 1 Prise / 0,5g. ()
Zitrone Saft 1 Schuss / 3g. (ja)
Zwiebel Frühlingszwiebel 2 Stück / 40g. (ja)
Avocado 1/2 Stück / 150g. (empfehlenswert)
Kurkuma (Gelbwurz) 1 Prise / 1g. (ja)
Basilikum (frisch) 1 TL / 2g. (ja)

Kochanleitung:
Wasser erhitzen. Öl, Zitrone und Gewürze dazugeben. Wenn das Wasser kocht, Polenta unter ständigem Rühren einrieseln lassen und 2 Min. kochen. Wenn der Brei fest wird, ist die Polenta ferti Gewürfelte

Avocado und geschnittene Frühlingszwiebel unter die Polenta mischen. Mit frischem Basilikum überstreuen.

3.48 Schwarze Bohnen mit Avocado

Hilft bei Entzündungen, Schwellungen und Schmerzen. Harntreibend, senkt den Cholesterinspiegel, beugt Arteriosklerose vor, fördert Durchblutung, stärkt Muskeln, fördert Verdauung, entgiftet, treibt Schweiß, senkt Blutfett, regt an, löst Stagnation.

Anzahl Portionen: 3
Kalorien p. Portion 263
Gramm p. Portion 288,33
Kochdauer ca. 1 Stunde
Allergene: EN
(Kohlehydrat:35% / Eiweiß & Fett:65%)
100g.≈ Eiweiß 9,94g. Fett:27,49g.
µg. - Ph:5,98 Na:2,25 Ka:27,68 Mg:2,94 Ca:1,89 Fe:0,11 Zn:0,03 Col.:0 Hsr.:2,75

Zutaten:
Schwarze Bohnen 1 Tasse / 100g. (ja)
Wasser 4 Tassen / 450g. (ja)
Zitrone 1 Spritzer / 1g. (ja)
Boxhornkleesamen 1 Prise (Pulver) / 0,2g. (ja)
Sesamöl 1 EL / 10g. (ja)
Ingwer frisch 1 TL / 2g. (ja)
Wakame 2 cm. / 1g. (ja)
Sojasauce 1 Schuss / 1g. (ja)
Avocado 1 Stück / 300g. (empfehlenswert)

Kochanleitung:
Vorbereitung am Vortag:2 Tassen schwarze Bohnen in etwa 6 Tassen kaltem Wasser 6-8 Std. einweichen und dann abseihen. Die schwarzen Bohnen mit 4 Tassen frischem kaltem Wasser aufsetzen. Einen Spritzer Zitronensaft, etwas Bockshornkleesamenpulver, 1 EL Sesamöl, 1 TL geriebenen Ingwer und ein Stück Wakame oder 1 EL Hijiki dazugeben. Etwa 45 Min. köcheln lassen, mit dem Pürierstab mixen und mit reichlich Sojasoße abschmecken. Am Morgen: ½ Avocado pro Portion schälen, in Schiffchen (Scheiben) schneiden und zusammen mit der warmen Bohnenpaste servieren. Hinweis: Die schwarzen Bohnen können für 2-3 Tage vorgekocht werden, um dann mit wenig Aufwand als Frühstück oder andere Mahlzeit verwendet zu werden.

3.49 Spinat mit Sesammus (Tahin)

Fördert Ausscheidung, fördert Durchblutung, stärkt Magen und Darm, reinigt Blut, verbessert Bauchspeicheldrüsenfunktion, verbessert Verdauung, regeneriert Haut, harntreibend, senkt Cholesterinspiegel und ist ein sanftes Abführmittel.

Anzahl Portionen: 4
Kalorien p. Portion 150
Gramm p. Portion 336,25
Kochdauer ca. 20 Min.
Allergene: N
(Kohlehydrat:67% / Eiweiß & Fett:33%)
100g.≈ Eiweiß 8,9g. Fett:3,7g.
µg. - Ph:2,88 Na:1,83 Ka:19,37 Mg:1,71 Ca:4,46 Fe:0,12 Zn:0,02 Col.:0 Hsr.:2,47

Zutaten:
Kartoffel 500 g. / 500g. (empfehlenswert)
Salz 1 Prise / 0,2g. (wenig)
Wasser 1/4 Liter / 25g. (ja)
Spinat 1 Kg / 800g. (empfehlenswert)
Sesam Paste (Tahini) 2 EL / 20g. (ja)

Kochanleitung:
Kartoffeln kochen und schälen. Wasser erhitzen und Spinat darin blanchieren. Wasser gut abtropfen lassen und mit Sesammus verrühren.

3.50 Spinatgemüse

Verbessert Verdauung, regeneriert Haut, harntreibend, senkt Cholesterinspiegel, fördert Ausscheidung und Durchblutung, stärkt Magen und Darm, reinigt Blut, verbessert Bauchspeicheldrüsenfunktion.

Anzahl Portionen: 1
Kalorien p. Portion 263
Gramm p. Portion 402
Kochdauer ca. 10 Min.
Allergene: GN
(Kohlehydrat:65% / Eiweiß & Fett:35%)
100g.≈ Eiweiß 9,43g. Fett:10,79g.
µg. - Ph:46,3 Na:20,7 Ka:300,69 Mg:23,73 Ca:50,5 Fe:1,38 Zn:0,32 Col.:0,02 Hsr.:30,26

Zutaten:
Sesamöl 1 EL / 10g. (ja)
Zwiebel weiss 1/2 Stück / 40g. (ja)
Knoblauch 1/2 Zehe / 1g. (ja)
Spinat 2 Handvoll / 150g. (empfehlenswert)
Pfeffer gemahlen 1 Prise / 0,2g. ()

Muskatnuss 1 Prise / 0,2g. (ja)
Salz 1 Prise / 0,5g. (wenig)
Kartoffel 4 Stück / 200g. (empfehlenswert)
Sauerrahm 15% Fett 2 EL / g. (wenig)
Salz 1 Prise / 0,3g. (wenig)

Kochanleitung:
Zwiebel und Knoblauch fein geschnitten in heißem Sesamöl glasig
dünsten. In Streifen geschnittenen Spinat etwa 3 Min. mitdünsten und
mit gemahlenem Pfeffer, Muskat und Salz würzen. Nach Belieben
etwas Sauerrahm zugeben oder den Spinat mit einem großen Klecks
Hüttenkäse als Vorspeise servieren. Nebenbei die Kartoffeln in
Salzwasser gar kochen und dann schälen.

3.51 Suppe mit Gurken und Tomaten

Harntreibend, entgiftend, unterdrückt Umwandlung von Zucker in Fett,
senkt Cholesterinspiegel, fördert Verdauung, hilft Fett zu verdauen,
senkt Blutdruck, beruhigt Nerven und Magen.
Anzahl Portionen: 2
Kalorien p. Portion   137
Gramm p. Portion   401
Kochdauer ca.   10 Min.
Allergene: CO
(Kohlehydrat:32% / Eiweiß & Fett:68%)
100g.≈ Eiweiß 10,32g. Fett:7,3g.
µg. - Ph:12,64 Na:6,77 Ka:36,39 Mg:2,29 Ca:5,12 Fe:0,17 Zn:0,09 Col.:14,81 Hsr.:1,83

Zutaten:
Gurke 1 Stück / 300g. (ja)
Tomate 4 Stück (sehr reife) / 200g. (ja)
Zwiebel weiss 1 Stück / 50g. (ja)
Paprika 1/2 Stück (grün) / 10g. (ja)
Salz 1 Prise / 0,5g. (wenig)
Essig (Apfelessig) 1 Schuss / 2g. (ja)
Wasser 1 Tasse / 120g. (ja)
Huhn Ei 2 Stück / 120g. (ja)

Kochanleitung:
Alle Zutaten im Mixer pürieren und im Kühlschrank abkühlen lassen.
Beim Servieren mit kleingeschnittenen Semmelwürfeln und
kleingeschnittenem hartgekochten Ei bestreuen.

3.52 Süß-pikanter Gerstensalat

Harntreibend, adstringierend, antibakteriell, beruhigend, entspannend, stärkt Magen, befeuchtet die Haut.

Anzahl Portionen: 2
Kalorien p. Portion 511
Gramm p. Portion 311,6
Kochdauer ca. 25 Min.
Allergene: AGHO
(Kohlehydrat:71,14% / Eiweiß & Fett:28,86%)
100g.≈ Eiweiß 8,52g. Fett:20,59g.
µg. - Ph:40,44 Na:5,43 Ka:101,3 Mg:14,71 Ca:15,53 Fe:0,43 Zn:0,13 Col.:0 Hsr.:13,49

Zutaten:
Wasser 200 g. / 50g. (ja)
Gerste 100 g. / 100g. (ja)
Apfel (sauer) 2 Stück / 300g. (ja)
Trauben rot 1 Handvoll / 20g. (wenig)
Datteln getrocknet 2 EL (entkernt) / 20g. (wenig)
Mandeln 1 EL / 10g. (empfehlenswert)
Curry 1 Prise / 0,2g. (ja)
Salz 1 Prise / 0,5g. (wenig)
Zitrone Saft 1 Stück / 20g. (ja)
Zitrone Schale 1/4 Stück / 2g. (ja)
Kakao 1 Prise / 0,5g. (ja)
Sahne, süß 30% 100 ml. / 100g. (wenig)

Kochanleitung:
Gerste in Wasser kochen und dann mit 2 süßen kleingeschnittenen Äpfeln, einer Handvoll roten Trauben, etwa 80 g entkernten Datteln, etwa 50 g gehackten Mandeln, etwas Curry, einer Prise Salz, Saft von 1 Zitrone, geriebener Zitronenschale und etwas Kakao gut vermischen und 1 Std. ziehen lassen. 100 ml Schlagsahne unterheben.
Empfehlung: im Sommer als erfrischende Abendmahlzeit.

3.53 Tsampa

Stärkt Milz, kühlt Blase, stärkt Magen, entspannt, harntreibend, entgiftet, regt Nerven an, reduziert Blutfett, senkt Cholesterinspiegel.

Anzahl Portionen: 2
Kalorien p. Portion 140
Gramm p. Portion 135
Kochdauer ca. 5 Min.
Allergene: A
(Kohlehydrat:85,96% / Eiweiß & Fett:14,04%)
100g.≈ Eiweiß 1,38g. Fett:0,34g.
µg. - Ph:86 Na:1,5 Ka:383,5 Mg:45,61 Ca:63,17 Fe:0,41 Zn:0,4 Col.:0 Hsr.:6,06

Zutaten:
Tsampa (geröstetes Gerstenmehl) 4 EL / 30g. (ja)
Grüner Tee 1 Tasse / 120g. (ja)
Wasser 1 Tasse / 120g. (ja)

Kochanleitung:
Tsampa (tibetisch ratsam pa) ist ein tibetisches Grundnahrungsmittel. Es besteht aus geröstetem Mehl, üblicherweise Gerste (nas rtsam). Tsampa wird traditionell mit Tee hergestellt. Da es schnell und einfach zuzubereiten ist, wird es von Sherpas, Nomaden und Reisenden gerne verwendet. Zubereitung: Das Tsampa wird in eine Schüssel gefüllt und mit Tee übergossen, von dem ein Teil getrunken und der Rest mit dem Tsampa zu einer teigähnlichen Masse geformt wird. Man kann den Tee auch zuerst eingießen. In jedem Fall benötigt man ein gewisses Geschick, um das richtige Verhältnis von Tsampa und Flüssigkeit zu erreichen. Die beiden Stoffe werden normalerweise mit den Fingern gemischt. Es empfiehlt sich, Yak Butter zur Verbesserung von Geschmack und Stabilität hinzuzufügen.

3.54 Tsampa mit Marmelade oder Obstkompott

Stärkt Milz und Magen, kühlt Blase, harntreibend, befeuchtet den Darm und die Haut, entspannt. Stoppt Durchfall, fördert Verdauung, regt Appetit an.

Anzahl Portionen: 1
Kalorien p. Portion   280
Gramm p. Portion   243
Kochdauer ca.   5 min.
Allergene: AGO
(Kohlehydrat:73% / Eiweiß & Fett:27%)
100g.≈ Eiweiß 6,45g. Fett:9,58g.
µg. - Ph:63,69 Na:2,33 Ka:134,84 Mg:34,23 Ca:13,15 Fe:0,63 Zn:1,98 Col.:1,98 Hsr.:30,8

Zutaten:
Tsampa (geröstetes Gerstenmehl) 3 EL / 30g. (ja)
Wasser 6-8 EL / 70g. (ja)
Butter Bio 1/2 TL / 2g. (weniger als angegeben)
Erdbeermarmelade 1 EL / 7g. (wenig)
Sonnenblumenkerne 2 TL / 14g. (empfehlenswert)
Apfel (süß) 1 Stück gerieben / 120g. (ja)

Kochanleitung:
Tsampa mit kochendem Wasser übergießen und mit einem Löffel umrühren, bis ein Brei entsteht. Butter, Marmelade,

Sonnenblumenkerne und geriebenen Apfel dazugeben. Süßen nach Geschmack mit Honig, Vollrohrzucker oder Gerstenmalz. Gewürze und Kräuter: frische Minze, Vanille oder Kakao, Anis, Zimt. Sommer: Marmelade oder Kompott nach Wahl. Winter: Nüsse und Apfel oder Birne.

3.55 Vegetarischer Gemüse-Getreide-Kartoffelbrei

Verbessert Verdauung, regeneriert Haut, harntreibend, senkt Cholesterinspiegel, lindert Verstopfung, produziert Muttermilch.

Anzahl Portionen: 2
Kalorien p. Portion 91
Gramm p. Portion 109
Kochdauer ca. 25 Min.
Allergene: A
(Kohlehydrat:61% / Eiweiß & Fett:39%)
100g.≈ Eiweiß 1,89g. Fett:4,42g.
µg. - Ph:13,11 Na:2,56 Ka:62,42 Mg:5,72 Ca:8,05 Fe:0,26 Zn:0,13 Col.:0 Hsr.:5,15

Zutaten:
Karotte (Frühkarotte) 30 g. / 30g. (ja)
Pastinake 30 g. / 30g. (empfehlenswert)
Zucchini 30 g. / 30g. (ja)
Fenchel 10 g. / 10g. (ja)
Kartoffel 50 g. / 50g. (empfehlenswert)
Wasser 20 g. / 20g. (ja)
Hafer Flocken (Vollkorn) 10 g. / 10g. (ja)
Orangensaft 30 g. / 30g. (wenig)
Rapsöl 8 g. / 8g. (ja)

Kochanleitung:
Das Gemüse und die Kartoffeln waschen, würfeln und in wenig Wasser dünsten. Wasser und Haferflocken zugeben, alles pürieren und schließlich das Öl untermengen. Hinweis: Dieser Brei ersetzt den Gemüse-Kartoffel-Fleisch-Brei, wenn in der Ernährung des Säuglings auf Fleisch verzichtet werden soll. Da Fleisch die beste Nahrungsquelle für Eisen ist, muss bei vegetarischer Ernährung besonders auf eine ausreichende Eisenversorgung geachtet werden.

3.56 Vitamindrink

Reguliert Magen-Darm-Funktion, stärkt Milz und Leber, senkt Blutdruck, bakterizid, stärkt Immunsystem, beugt Krebs vor.

Anzahl Portionen: 3
Kalorien p. Portion 172
Gramm p. Portion   273,33
Kochdauer ca.   5 Min.
(Kohlehydrat:91,86% / Eiweiß & Fett:8,14%)
100g.≈ Eiweiß 2,79g. Fett:0,57g.
µg. - Ph:9,44 Na:2,63 Ka:80,69 Mg:7,39 Ca:10,07 Fe:0,28 Zn:0,03 Col.:0 Hsr.:6,17

Zutaten:
Orangensaft 300 ml. / 300g. (wenig)
Karotte (Mohrrübe, Möhre) 200 g. / 200g. (ja)
Banane 2 Stück / 300g. (empfehlenswert)
Kiwi 1 Stück / 20g. (ja)

Kochanleitung:
Orangen, Karotten, Bananen und die Kiwi grob zerkleinern und mit dem Mixstab fein pürieren.

3.57 Wärmender Haferflockenbrei

Stärkt Abwehrkraft, harntreibend und abführend, liefert Vitamin C, löst Steine, fördert Verdauung, entgiftet, treibt Schweiß, reduzierl Blutfett, regt an, löst Stagnation.

Anzahl Portionen: 1
Kalorien p. Portion 357
Gramm p. Portion   214,5
Kochdauer ca.   10 Min.
Allergene: AHO
(Kohlehydrat:72,81% / Eiweiß & Fett:27,19%)
100g.≈ Eiweiß 8,86g. Fett:11,41g.
µg. - Ph:134,8 Na:3,25 Ka:194,19 Mg:50,68 Ca:38,25 Fe:1,57 Zn:1,38 Col.:0 Hsr.:47,55

Zutaten:
Hafer Flocken (Vollkorn) 6 EL / 60g. (ja)
Feige getrocknet 3 Stück / 15g. (wenig)
Sternanis 1 Stück / 1g. (ja)
Ingwer frisch 1 Prise / 0,5g. (ja)
Wasser 1 Tasse / 120g. (ja)
Ahornsirup 1 EL / 10g. (ja)
Walnüsse 1 EL gehackte / 8g. (empfehlenswert)

Kochanleitung:

Trockenfrüchte einweichen. Haferflocken trocken anrösten.
Trockenfrüchte, Sternanis oder Zimt und etwas geriebenen Ingwer
dazugeben und alles mit Wasser zu einem Brei kochen. Mit Ahornsirup
süßen. Walnüsse rösten und vor dem Servieren drüberstreuen.
Wirkung: Der Brei eignet sich gut für die kalte Jahreszeit.

3.58 Weizengrießbrei mit rosa Grapefruit

Leicht abführend, fördert Verdauung, schont die Verdauungsorgane,
entgiftet, appetitanregend, lindert Blähungen und Darmentzündungen,
erwärmt Magen und Milz.

Anzahl Portionen: 2
Kalorien p. Portion 399
Gramm p. Portion 382,15
Kochdauer ca. 10 Min.
Allergene: AG
(Kohlehydrat:80,03% / Eiweiß & Fett:19,97%)
100g.≈ Eiweiß 14,27g. Fett:4,62g.
µg. - Ph:37,26 Na:16,65 Ka:70,21 Mg:5,96 Ca:41,91 Fe:0,16 Zn:0,11 Col.:0,98 Hsr.:12,95

Zutaten:

Kuhmilch (1,5 % Fett) 1/2 Liter / 500g. (ja)
Weizen Gries 100 g. / 100g. (ja)
Zucker Ursüße (Zuckerrohr) süß 40 g. / 40g. (wenig)
Grapefruit/Pampelmuse/Pomelo 1/2 Stück / 120g. (ja)
Zucker Ursüße (Zuckerrohr) süß 2 TL / 4g. (wenig)
Zimtpulver 1 Prise / 0,3g. (ja)

Kochanleitung:

Die Milch im Topf erhitzen und den Grieß mit einem Schneebesen
einrühren. Zucker hinzufügen und auf kleiner Flamme rühren, bis der
Grieß die Flüssigkeit aufgenommen hat. Auf einen Teller geben und
kleingeschnittene Spalten der Grapefruit dazugeben. Den Brei mit
Zucker und Zimt bestreuen.

4 Wirkung der Lebensmittel

4.1 Zutaten verwenden: empfehlenswert

Apfelsaft (Naturtrüb)
Avocado
Banane
Banane Kochbanane
Beerensaft
Birnensaft
Blattsalate (bitter)
Cashewnüsse
Champignon
Erdnuss (geröstet)
Erdnüsse
Feldsalat
Gemüsesaft
Haselnüsse
Heidelbeersaft
Kartoffel
Kartoffel (mehlige)
Kastanien (Maronen)
Kirschsaft
Kokosflocken
Kokosnussfleisch
Kokosraspeln
Kopfsalat
Kürbiskerne
Leinsamen
Leinsamen (geschrotet)
Mandelmilch
Mandelmus
Mandeln
Mandeln Marzipan
Mangosaft

Marillensaft
Mohn
Morchel (schwarz, getrocknet)
Mu-Erh-Pilz
Müsli
Paranuss
Pastinake
Pfifferlinge/Eierschwammerl
Pinienkerne
Pistazien
Reishi
Sesam, Schwarzer
Sesam, Weißer
Shiitake, getrocknet
Silbermorchel, getrocknet
Soja Cuisine (Soja-Sahne)
Sojabohne
Sojabohnen, Gelbe
Sojabohnen, Schwarze
Sojabohnen, Schwarze, fermentiert
Sojabohnenmilch
Sojacreme
Sojamehl
Soja-Nudeln
Sonnenblumenkerne
Spinat
Steinpilz/Herrenpilz
Süßkartoffel
Walnüsse
Walnüsse geröstet
Weizenkleie

4.2 Zutaten verwenden: ja

Adzukibohnen
Agar-Agar, Agartang
Ahornsirup
Aloesaft
Amaranth
Amaranth POPS
Ananas
Ananas (aus der Dose)
Ananassaft ungezuckert
Andornkraut
Angelikawurzel
Anis (gemeiner Fenchel)

Apfel (sauer)
Apfel (süß)
Apfelmus
Aprikose
Artischocke
Aubergine
Austernpilze
Austernschalenpulver
Backpulver
Baldrian
Bambussprossen
Banchatee

Bärentraubenblätter
Bärlauch (Knoblauchspinat)
Barsch
Basilikum
Basilikum (frisch)
Bataviasalat
Beeren der Saison
Benediktinerdistel
Berberitzenrindetee
Birne
Bitterklee
Bitterorangenschale
Blumenkohl (Karfiol)
Blütenpollen
Bocksdornfrüchte (Fructus Lycii)
getrocknet
Bockshornklee
Bohnen (grün, frisch)
Bohnenkraut
Bohnenöl
Borretsch
Borretschöl
Boxhornkleesamen
Brennnessel
Brie
Brokkoli
Brombeerblätter
Brombeere
Brombeere getrocknet (unreife)
Brösel (Weizenbrot, Semmel)
Brot mit Johannisbrotkernmehl
Buchweizen
Buchweizen (geröstet) Kasha
Buchweizen Vollkorn
Bulgur (Getreide)
Buschbohnen
Butter (halbfett)
Butterbohnen weiße
Buttermilch
Calamari
Camembert
Channa-Dal
Chenpi (chinesische
Mandarinenschale)
Chicorée
Chili (Schote oder gemahlen)
Chinakohl
Chlorella (Süßwasser)
Chrysanthemenblütentee
Clementinen
Colagetränk (kalorienarm)
Couscous
Cranberries
Cumin (Kreuzkümmel)

Curry
Currypaste rot
Dashi
Datteln rot
Dill
Dinkel
Dinkel Brot
Dinkel Flocken
Dinkel Gries
Dinkel Vollkornmehl
Distelöl
Dornhai (Seeaal, Schillerlocken)
Dorsch
Dulse (Lappentang)
Edamer
Eibennuss
Eibisch (Hibiscus)
Eisbergsalat
Emmentaler
Endiviensalat
Ente (Frühmastente, schlachtfrisch)
Ente (Herz)
Entenei
Enzianwurzel
Erbse, grün
Erbsen
Erdbeere
Erdnussöl
Essig (Apfelessig)
Essig (Rotweinessig)
Essig Aceto Balsamico
Essig Aceto Balsamico weiss
Essiggurke
Estragon
Färberdiestel (Hong Hua)
Färberginsterkraut
Fasan
Feige
Fenchel
Fenchelsamen gemahlen
Fencheltee
Feta
Fisch Innereien
Fischreste
Fischsouce
Fischstücke gemischt (Süßwasser)
Flaschenkürbis
Flohsamen
Flunder
Forelle
Forelle (geräuchert)
Frischkäse
Frischkäse aus Soja
Frischkäse mit Kräuter

Früchtetee
Gagelpflaume
Galgant
Gänseblümchen
Gänseblut
Gänseei
Garam Masala Pulver
Garnele
Gelatine weiss
Gelee Royal
Gerste
Gerste (Nacktgerste)
Gerste (Perlgerste)
Gerstengras Pulver
Gerstengraupen
Gerstengrütze
Gerstenmalz
Gerstenmehl
Getreidekaffee
Gewürznelke
Ginkgofrucht
Ginsengwurzel
Glühweingewürzmischung
Gouda
Granatapfel
Grapefruit getrocknete Schale
Grapefruit/Pampelmuse/Pomelo
Grapefruitsaft
Graskarpfen
Grüner Tee
Grünkern
Guave
Gurke
Gurke (bitter)
Gurke (Gewürzgurke)
Hafer
Hafer Flocken (Vollkorn)
Hafer Flocken geröstet
Hafer Mehl
Hafer Milch
Hafer Schmelzlocken (Babynahrung)
Hafer Schrot
Hagebutte
Hagebuttentee
Haifisch
Hammel
Hase
Hase, wild
Hefe
Heidelbeere
Heidelbeere getrocknet
Heilbutt
Hering
Hibiskustee

Hijiki
Himbeerblättertee
Himbeere
Himbeere getrocknet (unreife)
Hiobsträne (Samen) YiYi Ren
Hirsch Fleisch
Hirsch Knochen
Hirsch Nieren
Hirse
Hirseflocken
Hokkaidokürbis
Holunderbeeren
Holunderblütentee
Honigmelone
Hopfen
Huhn Blut
Huhn Ei
Huhn Eigelb
Huhn Eiweiß
Huhn Fleisch
Huhn Herz
Huhn Magen
Hummer
Hüttenkäse
Ingwer frisch
Ingwer Pulver
Ingweröl
Jakobstränen
Jasminblütentee
Joghurt (natur, 1,5 % Fett)
Joghurt (natur, 3,5 % Fett)
Johannisbeere (rot)
Johannisbeere (schwarz)
Johannisbeere (weiß)
Johannisbrotkernmehl
Kabeljau
Kaffee
Kaffeeweißer
Kakao
Kaki-Pflaume
Kaktusfeige
Kalmus
Kamille
Kaninchen Fleisch
Kapern (eingelegt)
Kapuzinerkresse
Karambole/Sternfrucht
Karausche
Kardamom
Karotte (Frühkarotte)
Karotte (Mohrrübe, Möhre)
Karottensaft ohne Zucker
Karpfen
Kartoffelmehl

Käsepappeltee
Kaviar
Kefir
Kerbel
Kerbel getrocknet
Kichererbsen
Kirsche
Kirsche (sauer)
Kirschenkompott
Kiwi
Klementine
Klettenwurzeltee
Knäckebrot
Knoblauch
Kohlrabi
Kohlrübe
Kokosmilch
Kombualge
Kompott (Früchte der Saison)
Koriander
Koriandergrün
Korinthen (rot)
Korinthen (schwarz)
Krabbe
Krake
Kräuter bittere
Kräuter der Provence
Kräuter verschiedene
Kräuter Wildkräuter
Kräuterteemischung
Kresse
Kuhmilch (1,5 % Fett)
Kuhmilch (Vollmilch 3,5 % Fett)
Kukichatee
Kümmel
Kümmel gemahlen
Kumquat
Kürbis
Kürbiskernöl
Kurkuma (Gelbwurz)
Kuzu
Lachs
Lamm Fleisch
Lamm Knochen
Lamm Schulter
Languste
Lauch (Porree)
Lauchzwiebel Schnittlauch
Laugengebäck
Lavendelblüten
Leberglättertee
Leinöl
Liebstöckel
Liebstöckelsamen

Limabohnen
Lindenblütentee
Linsen (Helmbohnen)
Linsen gelb
Linsen rot
Linsen schwarz
Longane
Loquate/Japanische Mispel
Lorbeerblatt
Lotossamen
Lotoswurzeln
Löwenzahn (junger)
Löwenzahnsaft
Löwenzahnwurzeltee
Luohan-Frucht
Lychee
Lychee (Konserve)
Magermilchpulver
Mais
Mais (geröstet)
Mais (Schnellpolenta)
Mais Gries (Polenta)
Mais Mehl (Maizena)
Maishaartee
Maiskeimöl
Maisstärke
Majoran
Makannastern Samen
Makrele
Malventee
Malz
Mandarine
Mango
Mangold
Mangopulver
Maniokmehl
Marillen
Maulbeerfrucht
Meeräsche
Meereskrebs
Mehrkornbrot (Graubrot)
Melisse
Miesmuscheln
Mineralwasser
Mirabelle
Miso
Miso schwarz (fermentiert)
Mispel
Mittelmeerfisch (Kabeljau, Scholle,
Schellfisch, Seeaal, Makrele)
Mixed Pickels
Molke
Moosbeere
Mozzarella

Mungbohne
Mungbohnensprossen
Muskatnuss
Nachtkerzenöl
Nektarine
Nelke
Nierenbohnen (rote)
Nori, Purpurtang, Rotalge
Nudeln (Vollkorn) mit Ei
Nudeln (Weizen) mit Ei
Nudeln (Weizen, Bandnudeln) mit Ei
Nudeln (Weizen, Lasagneblätter) mit Ei
Nudeln (Weizen, Spagetti) mit Ei
Odermennig
Okra
Oliven
Oliven grün
Olivenöl
Orange
Orange abgeriebene Schale
Orange getrocknete Schale
Orange Schale
Orangenblüten
Oregano frisch
Oregano getrocknet
Palmöl
Papaya
Paprika
Paprika (Rosenpaprikapulver)
Paprika (süß)
Passionsblumenblütentee
Passionsfrucht (Maracuja)
Peperoni
Peperoni, gelb, entkernt, halbiert
Peperoni, rot, entkernt, halbiert
Petersilie
Petersilienwurzel
Pfeffer Cayenne
Pfeffer Körner
Pfeffer weiss (gemahlen)
Pfefferminze
Pfefferminztee
Pfeilwurzelmehl
Pferd Fleisch
Pfirsich
Pfirsich (Dose)
Pflaume
Pflaume getrocknet
Piment
Pintobohnen gesprenkelt
Preiselbeere
Preiselbeersaft
Puddingpulver Vanille
Pumpernickel

Pute Brustfleisch
Pute Schinken
Qualle
Quargel 20%
Quinoa
Quitte
Radicchio
Radieschen
Rapsöl
Reh Fleisch
Reineclaude
Reis Basmatireis
Reis Duftreis
Reis Gaoliangreis (Sorghum)
Reis Klebreis
Reis Langkornreis
Reis Reisschleim
Reis Roter
Reis Rundkornreis
Reis Schwarzer
Reis Sorte beliebig
Reis Süßer
Reis Vollkorn
Reis Wilder (Naturreis)
Reismalz
Reismehl
Reisnudeln
Reisstärke
Rettich (weiß, grün, lila-rot)
Rettich Meerrettich (Kren)
Rettich schwarz
Rettichblätter (vom Wochenmarkt)
Rhabarber
Rind (Kalb)
Rind Filet
Rind Fleisch
Rind Fleischknochen
Rind Herz
Rind Herz (Kalb)
Rind Knochenmark
Rind Lunge (Kalb)
Rind Magen
Rind Ochsenschwanzstücke
Rind Suppenfleisch
Roggen
Roggen Vollkornbrot
Roggenmehl
Römersalat/Lattich-Salat
Rosenblättertee
Rosenblütentee
Rosenkohl
Rosmarin
Rotbarsch
Rote Grütze (ohne Zucker)

Rote Rübe
Rotkohl
Safran
Sago (Getreide)
Sahne 10% Kaffeesahne
Sahne sauer 10%
Sake
Salbei
Sanddorn
Sardellen/Sardine
Saubohnen (Dicke Bohnen)
Sauerampfer
Sauerkirsche
Sauerkraut
Sauermilch
Sauerteig
Schaffleisch
Schafgarbe
Schafgarbentee
Schafmilch Joghurt
Schafskäse
Schafsmilch
Schimmelkäse
Schlehdorn
Schmelzkäse 12%
Schnecke
Schokolade
Scholle
Schwarzaugenbohnen
Schwarze Bohnen
Schwarzer Fungu Pilz
Schwarzkümmel
Schwarztee
Schwarzwurzel
Schwedenkraut (Schwedenbitter)
Schwein Blut
Schwein Darm
Schwein Fleisch
Schwein Haut
Schwein Haxe (Eisbein)
Schwein Herz
Schwein Hirn
Schwein Lunge
Schwein Magen
Schwein Markknochen
(Röhrenknochen)
Schwein Schinken
Schwein Schinken gekocht
Schwein Schinken geselcht
Schwein Schinkenspeck
Seegurke
Sellerie Knolle
Sellerie Stangensellerie
Senf

Senf Dijon
Senf mittelscharf
Senf süß
Senfsamen
Sesam Paste (Tahini)
Sesamöl
Sesamöl geröstet
Shrimps
Soja Tofu
Soja Tofu geräuchert
Sojaöl
Sojapaste (Miso)
Sojasauce
Sonnenblumenöl
Spargel (grün oder weiß)
Speiserüben
Spitzwegerichtee
Stachelbeere
Stangenbohnen (Fisolen)
Sternanis
Stevia (Süßkraut)
Stutenmilch
Süßholzwurzeltee
Süßwasserfisch
Süßwasserkrebs
Tabasco
Taube
Taube Ei
Teemischung Harnsäuresenkend
Thunfisch
Thymian
Thymian getrocknet
Tintenfisch
Toastbrot (Vollkorn)
Tomate
Tomate getrocknet
Tomatenmark
Tomatenpüre
Tomatensaft
Tonicwasser
Topfen (Quark) 20%
Traubenkernöl
Traubensaft rot
Traubensaft weiß
Trüffel
Tsampa (geröstetes Gerstenmehl)
Umeboshipaste
Umeboshipflaumen (Japanaprikosen)
Vanille
Vanillepulver
Vanilleschote
Vogelmiere
Vogerlsalat (Pflücksalat)
Vollkornbrot

Vollkornbrot mit ganzen Körner
Vollkornmehl
Wacholderbeere
Wachskürbis
Wachtel
Wachtel Ei
Wakame
Walderdbeeren
Walnussöl
Wasser
Wasser heiss
Wassermelone
Weißdorn
Weiße Bohnen
Weißfischchen
Weißkohl/Weißkraut
Weißwurz
Weizen
Weizen Bulgurweizen
Weizen Flocken
Weizen Gras Pulver
Weizen Gries
Weizen Gries - Kindergries
Weizen Mehl
Weizen Mehl Vollkorn
Weizen/Roggen Grau- Schwarzbrot mit Hefe
Weizengrassaft
Weizenkeimöl
Wermutkraut
Wildkräuter

Wildschwein Fleisch
Wirsing/Grünkohl
Yamswurzel, Yamswurzelknolle
Yogitee
Ysop
Ziege
Ziegen- und Schafsblut
Ziegen- und Schafshirn
Ziegen- und Schafsmagen
Ziegen- und Schafsmilch
Ziegenkäse
Zimtpulver
Zimtstange
Zitrone
Zitrone Saft
Zitrone Schale
Zitrone, Limette
Zitronengras
Zitronenmelisse (frisch)
Zitronenmelisse (getrocknet)
Zucchini
Zucker Fructose Fruchtzucker
Zucker Glukose Traubenzucker
Zucker Milchzucker
Zuckerersatz (Süßstoff)
Zwetschken
Zwieback
Zwiebel Frühlingszwiebel
Zwiebel rot
Zwiebel Schalotte
Zwiebel weiss

4.3 Zutaten verwenden: wenig

Aal
Aal geräuchert
Acerola Fruchtnektar oder Pulver
Agavendicksaft
Aprikose getrocknet
Aprikosen Marmelade
Aprikosennektar
Bier (alkoholarm)
Bier (alkoholfrei)
Bitter Lemon
Brombeermarmelade
Brötchen (Semmel)
Creme fraiche
Datteln getrocknet
Erdbeermarmelade
Erdbeersaftgetränk
Feige getrocknet
Fernet Branca (Kräuterbitterlikör)
Fruchtzucker (Fruktose, Traubenzucker)

Gans
Gans (Gänseklein)
Gans (Gänseschmalz)
Ginsenglikör
Gorgonzola
Heidelbeermarmelade
Himbeermarmelade
Honig
Honigwein (Met)
Huhn Leber
Johannisbeermarmelade (rot)
Johannisbeermarmelade (schwarz)
Johannisbeernektar (schwarz)
Kaninchen Leber
Kokosfett
Lamm Leber
Lamm Nieren
Löffelbiskuit
Lycheelikör
Malzbier

Margarine
Margarine (Diät)
Martini
Mayonnaise 50%
Mayonnaise 80%
Obstmischung Fruchtsaft
Orangenmarmelade
Orangensaft
Parmesan
Preiselbeermarmelade
Prosecco
Rind Leber
Rind Niere
Rosinen
Rotwein
Rum
Sahne sauer 20%
Sahne sauer 30%
Sahne, süß 30%
Salz
Salz Kräutersalz
Sauerrahm 15% Fett
Schmelzkäse 30%
Schnaps
Schwein Fett
Schwein Leber

Schwein Nieren
Schwein Schmalz
Sherry
Topfen (Quark) 40%
Trauben rot
Trauben weiß
Vanillezucker natur
Weißbrot (Weizenbrot)
Weißbrot Baguette
Weißbrot Brösel (Weizenbrot)
Weißbrot Knödelbrot (Weizenbrot)
Weißbrot Salzstangerl
Weißbrot Semmel
Weißwein
Weizen Bier
Weizen Fladenbrot
Wermut
Ziegen- und Schafsleber
Zucker (Staubzucker)
Zucker (weiß, aus Rüben)
Zucker braun
Zucker Kandis weiß
Zucker Melasse
Zucker Palmzucker
Zucker Ursüße (Zuckerrohr) süß

4.4 Kontraindikativ wirkende Lebensmittel nicht verwenden

Astronautenkost
Austern
Bier (Altbier)
Bier (Pils)
Bitterlikör
Blätterteig
Bratöl
Butter Bio

Butterschmalz
Campari
Colagetränk
Erdnussbutter
Schokolade (Diabetiker)
Schwein Bratwurst
Schwein Mettwurst

5 Komplementär

5.1 Dekokt (Abkochung)

5.1.1 Ingwer frisch

Treibt Schweiß, reduziert Blutfett, regt an, lindert Erbrechen, fördert den Speichelfluss, stärkt das Herz, wirkt schleimlösend.
1–6 Scheiben der frischen Wurzel 3 Min. in einer Kanne Wasser ziehen lassen. 10 g in zwei Dosen auf leeren Magen trinken.
Zur Geschmacksverbesserung eignet sich brauner Rohzucker
Besonderheiten: In der TCM wird die frische Ingwerwurzel hauptsächlich gegen Fischvergiftung sowie Erkältungen von Lunge und Magen verwendet. Da Ingwer die Nährstoffaufnahme fördert, wird er häufig in unterschiedlichen Rezepturen eingesetzt, um die rasche Aufnahme anderer Kräuter zu erleichtern und deren Wirkung dadurch zu verstärken. Ingwer enthält das verdauungsfördernde Enzym Zingibain. Die verdauungsfördernde Wirkung dieses Stoffes ist stärker als die des Enzyms Papain.
In zu großen Mengen führt Ingwer zu Verstopfung, Nicht anwenden bei: Schwangerschaft, hohem Fieber.

5.2 Heil-Tee (Aufguss)

5.2.1 Rooibos

Antioxidativ, entzündungshemmend, krebshemmend, schützt durch enthaltene Flavonoide, positive Wirkung auch auf Alzheimer, Arteriosklerose. Antiallergisch, hemmt die Histaminausschüttung. Antibakteriell, antiviral, antifungal, entgiftend (basisch).
3-4 Teelöffel Rooibos mit einem Liter kochendem Wasser überbrühen und 6-10 Min. ziehen lassen. Bei weichem Wasser benötigen Sie weniger Tee für die Zubereitung, bei härterem Wasser empfehlen wir eine höhere Dosierung.

5.3 Komplementäre Anwendung

5.3.1 Akupunktur

Die Akupunktur gehört zu den Nerven oder Organe regulierenden Therapien.
Traditionelle Chinesische Medizin (TCM) bezeichnet meist eine Auswahl

von diagnostischen und therapeutischen Verfahren, die im chinesischen Kulturkreis in vielen Jahrhunderten angewandt wurden.

Das chinesische Wort für Akupunktur besteht aus zwei Teilworten, die die Hauptanwendung der Akupunktur beschreiben, nämlich dem Einstechen der Nadel in die Akupunkturpunkte und dem Erwärmen (Moxibustion) der Punkte. Akupunktur in der Ming-Dynastie (1368–1644). Bibliothèque Nationale, Paris. In der Akupunktur wird die Existenz von 361 Akupunkturpunkten angenommen, die auf den Meridianen angeordnet sind. Demnach gibt es zwölf Hauptmeridiane, die jeweils spiegelverkehrt auf beiden Körperseiten paarig angelegt sind, acht Extrameridiane und eine Reihe von so genannten Extrapunkten. Nach Meinung der Anhänger der Traditionellen Chinesischen Medizin wird durch das Einstechen der Nadeln der Fluss des Qi beeinflusst. Die Akupunktur gehört zu den Umsteuerungs- und Regulationstherapien. Noch älter als die Akupunktur ist die Akupressur. Hier werden die Punkte mit Hilfe der Fingerkuppen massiert. Das Konzept der Ohrakupunktur (auch Auriculotherapie genannt) wurde vom französischen Arzt Paul Nogier entwickelt. 1954 berichtete er erstmals in der Deutschen Zeitschrift für Akupunktur über seine Erfahrungen und 1961 stellte er seine Diagnose- und Therapieform auf einem Akupunkturkongress in Deutschland vor. Die Behandlung über das Ohr ist zwar auch aus der chinesischen Akupunktur bekannt, es werden dort jedoch nur wenige Punkte – und diese auch nur selten – verwendet. Daneben besteht noch das Konzept der koreanischen Handakupunktur, bei der die Meridiane fast komplett auf den Händen abgebildet sind, sowie das der Schädelakupunktur mit Abbildung der Meridiane auf den Schädel. Ähnliche Vorstellungen stecken auch hinter der Fußakupunktur.

Heutzutage wird immer öfter von der Krankenversicherung die Akupunktur zur Schmerztherapie angeboten. Auch bei Krankenhausaufenthalten kann eine Therapie in Anspruch genommen werden. Die Therapie kann mit Nadeln aber auch sanfter mit Pflaster selbst während der Chemotherapie durchgeführt werden.

5.3.2 Autogenes Training

Diese Technik dient zur Entspannung, Schmerzreduzierung und zur formelhaften Vorsatzbildung.

Diese Technik dient zur Entspannung und zur formelhaften Vorsatzbildung. Durch das bewusste „selbst"-Empfinden wird der Körper entspannt und die Trennwand zwischen Bewusstsein und Unterbewusstsein durchlässiger. Dies ist die beste Voraussetzung, um dann mit persönlichen Formeln auch die seelische Spannungen zu mildern oder gar aufzulösen. Dies alles kann das körperliche und seelische Wohlbefinden deutlich positiv beeinflussen. Dabei werden in meditationsählichen Zuständen seelische oder körperliche Zustände erfahren und versucht zu beeinflussen. Wenn in einem Autogenen Training die Konzentration auf einen Schmerz gerichtet wird, kann dieser durch den Willen zur Linderung eine effektive Linderung verspürt werden. Dabei spielen Regelkreise des Körpers mit, welche als Schutz vor weiteren Beeinflussungen auch dann einen Schmerz verspüren lassen, wenn die Ursache dafür meist schon verschwunden ist. Bei „konzentrativer Selbstentspannung" können Muskeln gelockert werden. Ich denke, dass Autogenes Training ähnlich wirkt wie eine Selbsthypnose.

5.3.3 Ayur Veda

Ayurveda ist eine Kombination aus empirischer Naturlehre und Philosophie, welche die Ausgewogenheit des Körpers anstrebt. Ayurveda hat einen ganzheitlichen Anspruch, da der ganze Mensch mit einbezogen wird. Es werden pflanzliche Heilmittel verabreicht, welche eingenommen oder aufgetragen werden. Dadurch werden Organe gestärkt oder eine Entgiftung/Entschlackung angeregt. Speziell bei Krebs wird das Ungleichgewicht verschiedener Elemente beschrieben und behandelt. Die Methoden der Schulmedizin mit Chirurgie, Strahlentherapien und andere Behandlungsmethoden ähneln denen der Ayurveda in vielen Punkten.

5.3.4 Lichttherapie

Lichttherapie ist eine komplementäre und schonende Behandlung gegen saisonale Depressionen. Heute gibt es mit der Lichttherapie, ein komplementäre und schonende Behandlung gegen saisonale Depressionen. Die meisten Patienten fühlen sich bereits nach wenigen Anwendungen wesentlich besser und ein überwältigend hoher Prozentsatz kann sogar dauerhaft vom sogenannten SAD-Syndrom (Erschöpfungssyndrom) geheilt werden. Speziell bei chronischen Erkrankungen können die positiven Wirkungen auf die Psyche stimulieren und so einen Heilerfolg unterstützen. Eine punktuelle Lichttherapie kann bei Hautkrebs oder im Bereich von Mund und Rachentumoren eingesetzt werden. Dabei wird zunächst eine lichtempfindliche Substanz verabreicht und danach mit speziellen Lichtfrequenzen bestrahlt. Bei der Bestrahlung bilden sich aus den lichtempfindlichen Substanzen aggressive Sauerstoff Moleküle, welche die Tumorzellen direkt abtöten oder zum Verschluss von Blutgefäßen führen, wodurch ebenfalls Tumorzellen abgetötet werden. Das gesunde Gewebe in der Umgebung wird weitestgehend geschont.

5.3.5 Physiotherapie

Bewegungs- und Funktionsfähigkeit verbessern, wiederherzustellen oder erhalten. Unterstützt den Stoffwechsels und die Durchblutung, lindert Schmerzen und steigert die Ausdauer und Kraft. Schult Koordination und Beweglichkeit.
Massagen: Mobilisierung der Durchblutung, Entspannung von verkrampften Muskeln und Sehnen. Gerätegestützten Therapie: Mit medizinischen Trainingsgeräte und Zugapparate Mobilisationsübungen und Handgriffe: Kraft, Ausdauer, Beweglichkeit und Koordination.
Lymphdrainage: Bringen den Lymphfluss in Schwung und entgiften so den Körper. Nach Operationen oder Verwundungen können Abbauprodukte der Heilung schneller abgeführt werden. Achtung, bei manchen Erkrankungen muss bis nach Beendigung der Therapie gwartet werden, da sonst der Heilerfolg verringert werden kann.

5.3.6 Selbsthilfegruppen

Die meisten Mitglieder von Selbsthilfegruppen haben die Erfahrung gemacht, die Belastungen der Erkrankung besser zu bewältigen.
Die meisten Mitglieder von Selbsthilfegruppen haben die Erfahrung gemacht, die Belastungen der Erkrankung besser zu bewältigen. Durch den Erfahrungsaustausch werden die für den jeweiligen Krankheitsverlauf besten Möglichkeiten der Mithilfe bei der Therapie erkannt. Durch die Eingliederung in eine Gemeinschaft wird auch der Zustand der Einsamkeit in seiner Situation bewältigt. Speziell bei der Lösungsfindung zu einzelnen Situationen können selbst Betroffene viel glaubwürdiger ihr Fachwissen vermitteln als Personen, welche die Methoden lediglich theoretisch gelernt haben. Die Mitglieder können außerdem meistens besser mit Ärzten und Therapeuten sprechen, weil die Themen bereits in den Gruppen besprochen wurden. Außerdem gelingt den Selbsthilfegruppen oft kritische und innovative Impulse auszudrücken, welche zur Veränderung und zum Umdenken im professionellen Bereich beitragen. In Selbsthilfegruppen wird Fachwissen zusammengetragen und durch Erfahrungen der einzelne Betroffenen ergänzt. So entsteht ein ganzheitliches Wissen, das die Mitglieder befähigt, Entscheidungen fundiert zu treffen und in unüberschaubaren System der Therapieangebote professionelle Dienste sinnvoll zu nutzen. Patienten, die in der Selbsthilfe engagiert sind, haben oft kürzere Klinikaufenthalte, weniger Therapiestunden und einen geringeren Medikamentenverbrauch.

5.3.7 Tuina Massage

Unterstützt den Stressabbau, ist Blockaden lösend und Immunsystem stärkend.
Anwendung nach Vereinbarung mit dem Therapeuten.
Nicht bei Tumoren, akute Verletzungen oder Ulzerationen der Haut.

5.3.8 Vitamin D Präparate

Vitamin D ist eine Vorstufe eines lebensnotwendigen Hormons und unterstützt die Regulierung des Calcium-Spiegels im Blut (gegen Osteoporose), es beeinflusst aber auch die Funktion der Muskeln.
Dosierung nach Rücksprache mit einem Ernährungsberater und nach Herstellerangaben.
Für eine ausreichende Versorgung mit Vitamin D ist eine angemessene Sonnen- oder UV-B-Bestrahlung notwendig.
Überdosierung schadet der Gesundheit.

5.4 Öl für Massage

5.4.1 Arnika

Arnika Massageöl fördert die Durchblutung, lockert die Muskulatur.
Innerlich eingenommen: gut gegen zerebrale Durchblutungsstörungen, Venen und Arterienerkrankung, Traumata, Hämatome, Angina Pectoris, Arteriosklerose, Kreislaufschwäche, Bronchitis.
Massageöl aus 10g Arnikablüten und 50g Aloe-Vera Öl ansetzen und 3 Wochen zeihen lassen (ev. in die Sonne stellen und gelegentlich schütteln).
Arnikablüten kommt zum Einsatz bei: Gewebs- und Organschädigungen (z.B. nach mechanischen Einwirkungen und bei Störungen der Blutversorgung); Verletzungen wie Zerrungen, Quetschungen, Blutergüsse. Nach dem Waschen, Baden, Duschen oder Schwimmen sparsam in die noch feuchte Haut einmassieren. Während der Schwangerschaft regelmäßig verwenden, um Schwangerschaftsstreifen zu vermeiden.
Vor innerer Anwendung von Arnika ist abzuraten. Sie kann zu Übelkeit, Erbrechen und Herzbeschwerden führen.

5.5 Speisezugabe

5.5.1 Gelbwurz (Kurkuma)

Fördert die Entleerung der Gallenwege, gut gegen Magen-Darmbeschwerden. Antioxidativ, antiviral, antibakteriell und entzündungshemmend.
Für eine tägliche, dauerhafte Einnahme, kann Kurkuma zu Kartoffelpüree, Milchspeisen, Suppen oder Soßen beigemengt werden.
Wirkstoffe: äth. Öl, Bitterstoffe, Curcumin, Stärke

Gelbwurz oder Tumeric - Hat beeindruckende Erfolge bei der Behandlung von Karzinogenen und Mutagenen bei Labortieren erzielt.
Konzentrierter Gelbwurz zeigte ein Vermehrung der Glutathion S-Transferase-Enzyme, die für das Leben und die Leberentgiftung von wesentlicher Bedeutung sind.
Medizinische Anwendungen: Amenorrhoea, Blutarmut, Arthritis, Asthma, Blutgerinnsel, Krebs, Candida, Katarrh, aufbauend, Husten, Ruhr, Dysmenorrhöe, Ekzeme, Winde, Gallenblasen-Erkrankungen, Gallensteine, Gastritis, Herzleiden, Hepatitis, zu hohem Cholesterinspiegel, Verdauungsstörungen, reizbarem Darm, Gelbsucht, Leberentgiftung, Schutz der Leber, Übelkeit, Fettleibigkeit, Rachenkatarrh, Hautkrankheiten, einschließlich parasitischer Hautinfektionen, Traumata, Harnwegskrankheiten, Tumore an der Gebärmutter.
Eigenschaften: Alterativ, schmerzlindernd, antibiotisch, anti-koagulant (hemmt Blutgerinnung) antifungal, entzündungshemmend, antioxidierend, antiseptisch, aromatisch, adstringierend, galletreibend, kreislaufanregend, verdauungsfördernd, den Eintritt der Monatsblutung förderndes Mittel, leberstärkend, Stimulans, unterstützt die Wundheilung.
Bei Verschluss der Gallenwege oder Gallensteinen sollte man auf Kurkuma verzichten.

5.6 Verschiedene Möglichkeiten

5.6.1 Adonisröschen

Gut gegen Herzinsuffizienz, Prostataschwellungen, Krämpfe.

5.6.2 Reishi

Regeneriert die Leber, wirkt entgiftend und entzündungshemmend. Gut gegen chronischer Hepatitis, Schwellungen, Rötungen und Juckreiz. Reguliert das Immunsystem, weckt und unterstützt die Selbstheilungskräfte. Verbessert die Sauerstoffsättigung des Blutes.

Als Zugabe zu Tee, Kakao oder Kaffee. Als Kapseln, Extrakt, Pulver oder ganzer Pilz.

Reishi ist reich an Mineralstoffen und Spurenelementen Magnesium, Kalium, Calcium, Eisen, Zink, Kupfer, Mangan und organisch gebundenes Germanium, welches in der Tumortherapie und für die Interferonproduktion eine große Rolle spielt. Wertvollen Polysaccharide, Glykoproteine, Proteoglykane, Triterpene, Sterole, Alkaloide und eine Vielzahl weiterer hochaktiver Wirksubstanzen.

---Salbei Wurzel

Gut bei koronalen Durchblutungsstörungen, Nachbehandlung von Herzinfakt, Unruhe und Schlafstörungen.

Nicht in der Schwangerschaft verwenden.

6 Grundlagen der Ernährung

Die hier beschriebenen Grundlagen der Ernährung zeigen allgemeine Empfehlungen und beziehen sich nicht auf eine spezielle Therapieform. Die Empfehlungen der Therapie haben Vorrang.

6.1 Ernährung

Die regelmäßige Einnahme von Mahlzeiten in entspannter Atmosphäre. Ein wärmendes Frühstück gilt als guter Start in den Tag. Mittags sollte die Hauptmahlzeit stattfinden - das Abendessen am frühen Abend.

Die Beachtung von Hunger- und Sättigungsgefühlen: Nicht überessen und nicht hungern, so lautet die Regel.

Die frische Zubereitung der Speisen aus naturbelassenen, regionalen Produkten. Tiefgekühlte, hitzekonservierte, industriell vorgefertigte oder mikrowellengegarte Lebensmittel werden gemieden.

Die Auswahl von Lebensmittel nach der Jahreszeit: Im Sommer mehr kühlende Nahrung, im Winter mehr wärmende Nahrung.

Mindestens zweimal am Tag Gekochtes essen. Speisen und Getränke sollen möglichst handwarm, niemals eiskalt oder heiß sein.

Rohkost, kurz gegartes Gemüse, frisch gepresste Säfte und Mineralwasser werden üblicherweise nicht empfohlen. Milch und Milchprodukte stehen nur dann auf dem Speiseplan, wenn sie problemlos vertragen werden.

Therapeutische Rezepte nicht über einen längeren Zeitraum ohne Rücksprache mit dem Arzt oder Therapeuten einnehmen.

1. Vielseitig essen

Lebensmittelvielfalt genießen. Merkmale einer ausgewogenen Ernährung sind abwechslungsreiche Auswahl, geeignete Kombination und angemessene Menge nährstoffreicher und energiearmer Lebensmittel. (Einerseits Schutz vor Unterversorgung mit essentiellen Nährstoffen und andererseits Schutz vor einer überhöhten Zufuhr unerwünschter Inhaltsstoffe.)

2. Reichlich Getreideprodukte - und Kartoffeln

Brot, Nudeln, Reis, Getreideflocken (am besten aus Vollkorn), sowie

Kartoffeln enthalten kaum Fett, aber reichlich Vitamine, Mineralstoffe, Spurenelemente sowie Ballaststoffe und sekundäre Pflanzenstoffe. Diese Lebensmittel sollten mit möglichst fettarmen Zutaten verzehrt werden.

3. Gemüse und Obst - Nimm "5" am Tag ...
5 Portionen Gemüse und Obst am Tag, möglichst frisch, nur kurz gegart, oder auch eine Portion als Saft – idealerweise zu jeder Hauptmahlzeit und auch als Zwischenmahlzeit: Damit werden reichlich Vitamine, Mineralstoffe sowie Ballaststoffe und sekundären Pflanzenstoffe (z.B. Carotinoiden, Flavonoiden) zugeführt. Das Beste, was man für die eigene Gesundheit tun kann.

4. Täglich Milch und Milchprodukte, ein- bis zweimal in der Woche
Fisch; Fleisch, Wurstwaren sowie Eier in Maßen. Diese Lebensmittel enthalten wertvolle Nährstoffe, wie z.B. Calcium in Milch, Jod, Selen und Omega-3-Fettsäuren in Seefisch. Fleisch ist wegen des hohen Beitrags an verfügbarem Eisen und an den Vitaminen B1, B6 und B12 vorteilhaft. Mengen von 300 - 600 g Fleisch und Wurst pro Woche reichen hierfür aus. Fettarme Produkte bevorzugen, vor allem bei Fleischerzeugnissen und Milchprodukten.

5. Wenig Fett und fettreiche Lebensmittel
Fett liefert lebensnotwendige (essenzielle) Fettsäuren und fetthaltige Lebensmittel enthalten auch fettlösliche Vitamine. Fett ist besonders energiereich, daher kann zu viel Nahrungsfett Übergewicht fördern, möglicherweise auch Krebs. Zu viele gesättigte Fettsäuren fördern langfristig die Entstehung von Herz-Kreislauf-Krankheiten. Pflanzliche Öle und Fette bevorzugen (z.B. Raps-, Oliven- und Sojaöl und daraus hergestellte Streichfette). Auf unsichtbares Fett achten, das in Fleischerzeugnissen, Milchprodukten, Gebäck und Süßwaren sowie in Fast-Food- und Fertigprodukten meist enthalten ist. Insgesamt 70 - 90 Gramm Fett pro Tag reichen aus.

6. Zucker und Salz in Maßen
Nur gelegentlich Zucker und Lebensmittel, bzw. Getränke verzehren, die mit verschiedenen Zuckerarten (z.B. Glucose Sirup) hergestellt wurden. Kreativ mit Kräutern und Gewürzen und wenig Salz würzen. Jodiertes Speisesalz bevorzugen.

7. Reichlich Flüssigkeit
Wasser ist absolut lebensnotwendig. Jeden Tag rund 1-2 Liter Flüssigkeit trinken. Wasser (ohne oder mit Kohlensäure) und andere kalorienarme Getränke bevorzugen. Alkoholische Getränke sollten nicht konsumiert

werden.

8. Schmackhaft und schonend zubereiten

Die jeweiligen Speisen bei möglichst niedrigen Temperaturen garen, soweit es geht kurz, mit wenig Wasser und wenig Fett - das erhält den natürlichen Geschmack, schont die Nährstoffe und verhindert die Bildung schädlicher Verbindungen.

9. Sich Zeit nehmen und das Essen genießen

Bewusstes Essen hilft, richtig zu essen. Auch das Auge isst mit. Sich beim Essen Zeit lassen. Das macht Spaß, regt an, vielseitig zuzugreifen und fördert das Sättigungsempfinden.

10. Auf das Gewicht achten und in Bewegung

Ausgewogene Ernährung, viel körperliche Bewegung und Sport (30 bis 60 Minuten pro Tag) gehören zusammen. Mit dem richtigen Körpergewicht fühlt man sich wohl und fördert die Gesundheit.

Thermik, Wirkrichtung, Verdauungskraft

Es gibt unterschiedliche Kriterien, die Wirksamkeit von Kräutern und Lebensmittel zu beurteilen. Der Einsatz der Kräuter und Zutaten basiert auf Beobachtung, was die Lebensmittel, Kräuter und Gewürze nach ihrem Verzehr im Körper bewirken. In der Medizin hat sich daraus folgendes System entwickelt: Jede Zutat oder Kraut hat eine Wirkrichtung. Außerdem gibt es noch Kräuter, die eine besondere Wirkung auf bestimmte Organe haben.

Voraussetzung für einen gesunden Stoffwechsel ist es, darauf zu achten, dass wir ausreichend Energie aus der Nahrung gewinnen und der Verdauungsprozess so wenig Energie wie möglich verbraucht. Eine bekömmliche Mahlzeit macht zufrieden und satt, verursacht keine Blähungen und keine Müdigkeit nach dem Essen. Richtiges Würzen erhöht die Bekömmlichkeit unserer Speisen. Es genügen oft schon geringe Mengen an Kräutern und Gewürzen. Sie dienen nicht dazu, uns satt zu machen, sondern helfen unseren Verdauungsorganen, die Nahrung zu verdauen.

6.2 Rezepte

Die Rezepte zeigen Ihnen welche Zutaten verwendet werden sowie mit der Kochanleitung wie diese zubereitet werden. Bei den Zutaten wird neben den Mengenangaben auch die Wichtigkeit für die Therapie angezeigt. Wenn dabei angezeigt wird "weniger als angegeben" versuchen Sie diese Empfehlung einzuhalten oder eine Alternative aus der Liste der "Empfohlenen Lebensmittel" zu finden. Meistens ist es nur eine leichte geschmackliche Änderung wenn Sie diese Zutat gänzlich weglassen.

Schonende Kochmethoden: Kochen, dämpfen, pochieren, dünsten
Scharfe Kochmethoden: Grillen, rösten, anbraten, räuchern
Ausgeglichene Kochmethoden: Frittieren, Römertopf

Auf das Einfrieren und erwärmen in der Mikrowelle sollte verzichtet
werden (Denaturierung).

6.3 Lebensmittel

Lebensmittel wirken wie Heilkräuter auf Körper und Geist, nur wesentlich
sanfter. Die Ernährungsberatung stützt sich hauptsächlich auf heimische
Lebensmittel. Das Wissen über die Wirkungsweisen jedes einzelnen
Lebensmittels und das Wissen wann welche Lebensmittel zur
Anwendung kommen, entstammt der Schulmedizin. Verwende Sie
möglichst Erzeugnisse aus ökologischen-biologischem Landbau.

Da wegen der besseren Verdaulichkeit grundsätzlich alles lange gekocht
und kaum roh gegessen wird, ist die Verträglichkeit hervorragend.

Die Einteilung der Lebensmittel entsprechend ihrer Wirkung auf den
Körper und bildet die Basis, um einen ausgewogenen und harmonischen
Gesundheitszustand im Körper zu erreichen.

Grundsätzlich empfiehlt die Ernährungsberatung keine bestimmten
Lebensmittel für Jedermann. Ausschlaggebend für den individuellen
Speiseplan ist vor allem die persönliche Konstitution.

Kaufen Sie nur frisches und reifes Obst und Gemüse ein. Braune Stellen,
welke Blätter aber auch unreifes Obst und Gemüse sollten Sie im
Supermarkt zurücklassen. Greifen Sie dann zu Tiefkühlware (keine
Fertiggerichte!). Tiefkühlobst und -gemüse werden kurz nach dem Ernten
schockgefroren und enthalten deshalb oftmals mehr Vitamine und
Mineralstoffe, als die Ware aus der Obst- und Gemüsetheke! Konserven-
und Dosenware dagegen enthält wesentlich weniger Biostoffe. Zudem
werden Letztere meist mit Salz, Zucker usw. angereichert. Lassen Sie die
Zutaten nach dem Waschen nie im Wasser liegen, denn so gehen viele
Vitalstoffe ins Wasser über! Putzen Sie Salate, Früchte und Gemüse erst
unmittelbar vor Verzehr.

Beachten Sie bitte die hygienische Verarbeitung der Lebensmittel.
Waschen Sie Ihre Salate, Früchte und Gemüse gründlich. Bei Gerichten
mit Fleisch bereiten Sie zuerst die Zutaten vor und verarbeiten dann die

Fleischprodukte. Reinigen Sie danach die Arbeitsflächen und Werkzeuge besonders gründlich. Holzunterlagen sollten regelmäßig mit leichtem Desinfektionsmittel behandelt werden um die Keimbildung einzuschränken.

Bewahren Sie Obst und Gemüse möglichst getrennt voneinander auf. Auch geerntete Früchte und Gemüse leben und strömen z.B. Ethylengas aus, das andere Sorten schneller reifen und altern lässt. Fleisch und Fisch in der verschlossenen Verpackung lassen oder in luftdichten Boxen im Kühlschrank aufbewahren.

6.4 Kräuter

Bei der Aufbewahrung und Lagerung von Heilkräutern, müssen gewisse Grundregeln beachtet werden. Grundsätzlich müssen Heilkräuter geschützt vor direkter Sonneneinstrahlung, vor Feuchtigkeit und vor heißen Temperaturen gelagert werden.

Als Gefäße für die Lagerung von Heilkräutern können Gläser, Keramik-Behälter und zur Not auch Plastik-Dosen eingesetzt werden. Plastik ist aber ein sehr unreines Material und sollte daher wirklich nur eine kurzfristige Notlösung sein. Bei Glasbehältern ist darauf zu achten, dass dunkles Glas verwendet wird.

Heilkräuter können nicht beliebig lange aufbewahrt werden. Die Haltbarkeit von Heilkräutern ist auf jeden Fall begrenzt. Durch die Haltbarkeitsdauer kann durch sachgerechte Lagerung wesentlich erhöht werden. So soll der Lagerplatz dunkel, eher kühl und absolut trocken sein. Ein Medizinschrank aus Holz, der nicht direkt bei einer Wärmequelle platziert ist wäre ideal. Um Ihre Heilkräuter nicht wegwerfen zu müssen, kaufen Sie nicht zu große Mengen an Heilpflanzen. Beschriften Sie die Behälter mit dem Namen des Heilkrauts und dem Datum der Ernte bzw. der Verarbeitung.

7 Weitere Ernährungsvorschläge

Folgende Syndrome der Diätetik, der TCM oder als Therapieergänzung bei Krebs sind verfügbar.

DIÄTETIK

1. Ernährung des Säuglings - Beikost
2. Ernährung in der Stillzeit
3. Ernährung im Alter
4. Ernährung von Kindern und Jugendlichen
5. Ernährung von Sportlern
6. Leichte Vollkost
7. Schwangerschaft
8. Vollkost

Eiweiß und Elektrolyt – Nieren
9. (Hämo-)Dialysebehandlung
10. Akutes Nierenversagen
11. Chronische Niereninsuffizienz
12. Nephrotisches Syndrom
13. Nierensteine (Nephrolithiasis)

Gastrointestinaltrakt - Bauchspeicheldrüse
14. Akute Pankreatitis (Entzündung der Bauchspeicheldrüse)
15. Chronische Pankreatitis (Entzündung der Bauchspeicheldrüse)

Gastrointestinaltrakt - Dünndarm und Dickdarm
16. Akute Obstipation (Verstopfung)
17. Chronische Obstipation (Verstopfung)
18. Colon irritabile
19. Divertikulitis
20. Erworbene Laktoseintoleranz (Laktosemalabsorption)
21. Fruktosemalabsorption
22. Glutensensitive Enteropathie (Zöliakie)
23. Kolektomie
24. Kurzdarmsyndrom

Gastrointestinaltrakt - Leber, Gallenblase, Gallenwege
25. Akute und chronische Hepatitis (Entzündung der Leber)
26. Cholelithiasis (Gallensteine)
27. Fettleber
28. Leberzirrhose

Gastrointestinaltrakt - Magen und Zwölffingerdarm
29. Akute Gastritis
30. Chronische Gastritis
31. Magenblutung
32. Ulcus ventriculi und Ulcus duodeni
33. Zustand nach Magenoperation

Gastrointestinaltrakt - Mundhöhle und Speiseröhre
34. Mundschleimhautentzündung
35. Ösophaguskarzinom (Speiseröhrenkrebs)
36. Reflüxösophagitis (Sodbrennen)

spezielle Krankheiten
37. Phenylketonurie (PKU)
38. Rheumatische Gelenkserkrankungen

Stoffwechsel
39. Adipositas (Übergewicht)
40. Diabetes mellitus
41. Essstörungen (Untergewicht)
Fettstoffwechsel
42. Hypercholesterinämie (erhöhter Cholesterinspiegel)
43. Hepatische Enzephalopathie
Herz- und Kreislauf
44. Arteriosklerose (Arterienverkalkung)
45. Herzinsuffizienz
46. Hypertonie (Bluthochdruck)
47. Hyperurikämie und Gicht
veränderter Nährstoffbedarf
48. bei Fieber
49. bei malignen Erkrankungen
50. nach Verbrennungen
51. Strahlen- und Chemotherapie

KREBS
100. Bauchspeicheldrüse
101. Blasenkrebs
102. Blutkrebs (Leukämie)
103. Brustkrebs
104. Darmkrebs
105. Magenkrebs
106. Nierenkrebs
107. Speiseröhrenkrebs

TCM
200. Blase - Feuchte Hitze in der Blase
201. Blase - Feuchtigkeit und Kälte in der Blase
202. Blase - Leere und Kälte in der Blase
203. Dickdarm - äussere Kälte befällt den Dickdarm
204. Dickdarm - Feuchte Hitze im Dickdarm
205. Dickdarm - Hitze blockiert den Dickdarm II akut
206. Dickdarm - Trockenheit des Dickdarms
207. Dickdarm - Yang Mangel (Kälte)
208. Herz - Blut Mangel
209. Herz - Blut Stagnation
210. Herz - Feuer
211. Herz - Heisser Schleim verstopft die Herzporen
212. Herz - Kalter Schleim verstopft die Herzporen
213. Herz - Qi Mangel
214. Herz - Yang Mangel
215. Herz - Yin Mangel
216. Leber - aufsteigender Leber-Yang
217. Leber - Blut-Mangel
218. Leber - Blut-Stagnation
219. Leber - feuchte Hitze in Leber und Gallenblase
220. Leber - Feuer
221. Leber - Gallenblase Qi-Leere
222. Leber - Kälte im Lebermeridian
223. Leber - Qi-Stagnation

224. Leber - Wind
225. Leber - Wind mit aufsteigendem Leber Yang
226. Leber - Wind mit Blutleere
227. Leber - Wind mit extremer Hitze
228. Lunge - Qi Mangel
229. Lunge - Schleim-Feuchtigkeit in der Lunge
230. Lunge - Schleim-Hitze in der Lunge
231. Lunge - Schleim-Kälte in der Lunge
232. Lunge - Trockenheit der Lunge
233. Lunge - Wind-Hitze befällt die Lunge
234. Lunge - Wind-Kälte befällt die Lunge
235. Lunge - Yin Mangel
236. Magen - Blutstagnation
237. Magen - Feuer
238. Magen - Magenkälte mit Flüssigkeit
239. Magen - Nahrungsstagnation
240. Magen - Qi Mangel
241. Magen - rebellierendes Magen Qi
242. Magen - Yin Leere
243. Milz - Hitze und Feuchtigkeit befällt die Milz
244. Milz - Kälte und Feuchtigkeit befällt die Milz
245. Milz - Qi Mangel
246. Milz - Qi Mangel + Absinkendes MilzQi
247. Milz - Qi Mangel + Milz kontrolliert das Blut nicht
248. Milz - Yang Mangel
249. Niere - Herz und Niere kommunizieren nicht mehr
250. Niere - Jing Mangel
251. Niere - Nieren können das Qi nicht empfangen
252. Niere - Qi ist nicht fest
253. Niere - Yang Mangel
254. Niere - Yin Mangel